现代化新征程丛书

隆国强 总主编

ADVANCED
MANUFACTURING CLUSTER
AN APPROACH TO WORLD MANUFACTURING POWER

先进制造业集群

制造强国的实现路径

程惠芳 王忠宏 主 编
张长令 执行主编

中国发展出版社
CHINA DEVELOPMENT PRESS

图书在版编目（CIP）数据

先进制造业集群：制造强国的实现路径 / 程惠芳，王忠宏主编. — 北京：中国发展出版社，2023.4

ISBN 978-7-5177-1373-9

Ⅰ.①先… Ⅱ.①程… ②王… Ⅲ.①制造工业—产业发展—研究—中国 Ⅳ.①F426.4

中国国家版本馆CIP数据核字（2023）第067802号

书　　名：先进制造业集群：制造强国的实现路径
主　　编：程惠芳　王忠宏
执行主编：张长令
责任编辑：钟紫君　梁婧怡
出版发行：中国发展出版社
联系地址：北京经济技术开发区荣华中路22号亦城财富中心1号楼8层（100176）
标准书号：ISBN 978-7-5177-1373-9
经 销 者：各地新华书店
印 刷 者：北京博海升彩色印刷有限公司
开　　本：710mm×1000mm　1/16
印　　张：12.25
字　　数：190千字
版　　次：2023年4月第1版
印　　次：2023年4月第1次印刷
定　　价：68.00元

联系电话：（010）68990625　68360970
购书热线：（010）68990682　68990686
网络订购：http://zgfzcbs. tmall. com
网购电话：（010）88333349　68990639
本社网址：http://www.develpress. com
电子邮件：10561295@qq.com

“现代化新征程丛书”
编委会

丛书联合编制单位

国务院发展研究中心企业研究所

国研智库

中国国际工程咨询有限公司

工业和信息化部电子第五研究所（服务型制造研究院）

中国社会科学院工业经济研究所

机械工业经济管理研究院

航天云网科技发展有限责任公司

苏州大学北京研究院

浙江工业大学

阿里研究院

之江智慧场景研究中心

《先进制造业集群：制造强国的实现路径》编委会

主编

程惠芳　王忠宏

执行主编

张长令

编委会（按姓氏笔画为序）

刘　嘉　刘　磊　李川川　李昱霖　吴　思　吴鹏飞

赵　刚　赵　蕊　赵泉淞　徐　乾　雒仁生

总　序

党的二十大报告提出："从现在起，中国共产党的中心任务就是团结带领全国各族人民全面建成社会主义现代化强国、实现第二个百年奋斗目标，以中国式现代化全面推进中华民族伟大复兴。"当前，世界之变、时代之变、历史之变正以前所未有的方式展开，充满新的历史机遇和挑战，全球发展的不确定性不稳定性更加突出，全方位的国际竞争更加激烈。面对百年未有之大变局，我们坚持把发展作为党执政兴国的第一要务，把高质量发展作为全面建设社会主义现代化国家的首要任务，完整、准确、全面贯彻新发展理念，坚持社会主义市场经济改革方向，坚持高水平对外开放，加快构建以国内大循环为主体、国内国际双循环相互促进的新发展格局，不断以中国的新发展为世界提供新机遇。

习近平总书记指出，今天，我们比历史上任何时期都更接近、更有信心和能力实现中华民族伟大复兴的目标。中华民族已完成全面建成小康社会的千年夙愿，开创了中国式现代化新道路，为实现中华民族伟大复兴提供了坚实的物质基础。现代化新征程就是要实现国家富强、民族振兴、人民幸福的宏伟目标。在党的二十大号召下，全国人民坚定信心，同心同德、埋头苦干、奋勇前进，为全面建设社会主义现代化国家，实现第二个百年奋斗目标，全面推进中华民族伟大复兴而团结奋斗。

走好现代化新征程，是站在新的历史方位，推进实现中华民族伟大复兴。党的十八大以来，中国特色社会主义进入新时代，这是我国发展新的历史方位。从宏观层面来看，走好现代化新征程，需要站在新的历史方位，在客观认识、准确把握当前党和人民事业所处的发展阶段基础上，主动适应大国经济阶梯式递进、螺旋式上升和经济高质量发展要求，不断推动我国社会主义从初级阶段向更高阶段迈进。从中观层面来看，走好现代化新征程，需要站在新的历史方位，明晰我国参与国际竞合比较优势的变化，通过深化供给侧结构性改革，对内解决好发展不平衡不充分问题，对外化解外部环境新矛盾新挑战，形成对全球要素资源的强大吸引力、在激烈国际竞争中的强大竞争力、在全球资源配置中的强大推动力，在高水平自立自强基础上塑造参与国际竞合新优势的战略部署。从微观层面来看，走好现代化新征程，需要站在新的历史方位，坚持系统观念和辩证思维，坚持两点论和重点论相统一，以“把握主动权、下好先手棋”的思路，充分依托我国超大规模市场优势，培育和挖掘内需市场，推动产业结构优化和转型升级，提升产业链供应链韧性，增强国家的生存力、竞争力、发展力、持续力，确保中华民族伟大复兴进程不迟滞、不中断。

走好现代化新征程，要把各国现代化的共同特征和我国国情相结合。实现现代化是世界各国人民的共同追求。随着经济社会的发展，人们越来越清醒地认识到，现代化虽起源于西方，但各国的现代化道路不尽相同，世界上没有放之四海而皆准的现代化模式。因此，走好现代化新征程，要把各国现代化的共同特征和我国具体国情相结合。我们要坚持胸怀天下，拓展世界眼光，深刻洞察人类发展进步潮流，以海纳百川的宽阔胸襟借鉴吸收人类一切优秀文明成果。坚持从中国实际出发，不断推进和拓展中国式现代化。党的二十大报告系统阐述了中国式现代化的五大特征，即中国式现代化是人口规模巨大的现代化，是全体人民共同富裕的现代化，是物质文明和精神文明相协调的现代化，是人与自然和谐共生的现代化，是走和平发展道路的现代化。中国式现代化的五大特征，反映出我们的现代化新征程是基于大国经济，按照中国特色社会主义制度的本质要求，实现长期全面、绿色可持续、和平共赢的现代化。此外，党的二十大报告提出了中国式现代化的九方面本质要求，即坚持中国共产党领导，坚持中国特色社会主义，实现高质量发展，发展全过程人民民主，丰富人民精神世界，实现全体人民共同富裕，促进人与自然和谐共生，推动构建人类命运共同体，创造人类文明新形态。这既是我们走好现代化新征程的实践要求，也为我们指明了走好现代化新征程的领导力量、实践路径和目标责任，为我们准确把握中国式现代化核心要义，推动各方面工作向着复兴目标迈进提供了根本遵循。

走好现代化新征程，需要完整、准确、全面贯彻新发展理念，着力推动高质量发展，加快构建新发展格局。党的二十大报告提出，“我国发展进入战略机遇和风险挑战并存、不确定难预料因素增多的时期”。当前及今后一段时间，我国将面临“新的动荡变革”的国际大环境。新发展理念瞄准我国经济社会发展不同方面存在的突出矛盾，为筑牢经济社会发展根基提供了方向指引。要完整、准确、全面贯彻新发展理念，让创新成为第一动力、协调成为内生特点、绿色成为普遍形态、开放成为必由之路、共享成为根本目的，努力实现高质量发展。要统筹国际国内两个大局，统筹发展与安全两件大事，增强国内大循环内生动力和可靠性，提升国际循环质量和水平，增强国内国际两个市场两种资源联动效应，加快构建以国内大循环为主体、国内国际双循环相互促进的新发展格局。

走好现代化新征程，必须全面深化改革开放。改革开放为我国经济社会发展注入了强劲动力，是决定当代中国命运的关键一招。改革开放以来，我国经济社会发展水平不断提升，人民群众的生活质量不断改善，经济发展深度融入全球化体系，创造了举世瞩目的伟大成就。推进中国式现代化，必须坚持深化改革开放。党的二十大报告提出，要“深入推进改革创新”，“着力破解深层次体制机制障碍”，彰显了在现代化新征程上党和国家对全面深化改革的决心。党的十八大以来，我国进入全面深化改革阶段，改革征程上面临的多是难啃的硬骨头、棘手复杂的问题，在将经济社会发展推向新高度的同时，一系列新的时代命题应运而生。走好现代化新征程，需要全面深化改革，大力推进供给侧结构性改革，进一步优化我国经济结构，不断激发市场活力，提升经济发展的韧性、抵御外部风险的能力。对外开放是我国的基本国策，走好现代化新征程，要坚定不移扩大对外开放，提升贸易投资合作质量和水平，稳步扩大规则、规制、管理、标准等制度型开放，营造市场化、法治化、国际化一流营商环境，大力吸引全球资源要素，增强国内国际联动效应，加快构建新发展格局，以高水平开放促进高质量发展。

知之愈明，则行之愈笃。走在现代化新征程上，我们出版“现代化新征程丛书”，是为了让社会各界更好地把握当下发展机遇、面向未来，以奋斗姿态、实干业绩助力中国式现代化开创新篇章。具体来说，主要有三个方面的考虑。

一是学习贯彻落实好党的二十大精神，为推进中国式现代化凝聚共识。党的二十大报告阐述了开辟马克思主义中国化时代化新境界、中国式现代化的中国特色和本质要求等重大问题，擘画了全面建成社会主义现代化强国的宏伟蓝图和实践路径，就未来 5 年党和国家事业发展制定了大政方针、作出了全面部署，是中国共产党团结带领全国各族人民夺取新时代中国特色社会主义新胜利的政治宣言和行动纲领。此套丛书，以习近平新时代中国特色社会主义思想为指导，认真对照党的二十大报告，从报告原文中找指导、从会议精神中找动力，用行动践行学习宣传贯彻党的二十大精神。

二是交流高质量发展的成功实践，为推进中国式现代化汇聚众智。来自12家智库的专家参与本套丛书的编写。本套丛书立足中国式现代化的时代特征和发展要求，直面各个地区、各个部门面对的新情况、新问题，总结借鉴国际国内现代化建设的成功经验，系统地构建了前沿产业、商业环境、发展空间、基础设施“四位一体”的发展思路。丛书内容注重实用性、可操作性，努力打造成为地方政府和企业管理层看得懂、学得会、用得了的使用指南。

三是探索未来发展新领域新赛道，为推进中国式现代化注入新动能。面对百年未有之大变局，数字化转型与绿色化转型加速推进，为我国发展带来新的战略机遇。本套丛书面向未来，深入探索未来发展新领域新赛道，系统分析前沿产业发展的新潜力，为我国发展前沿产业提供新借鉴，为推进中国式现代化注入新动能。

“现代化新征程丛书”主要面向党员领导干部、企事业单位管理层和专业研究人员等读者群体，致力于丰富读者知识素养，拓宽其眼界格局，提升其执政能力、研究能力和实践能力。在丛书编制过程中，重点坚持以下三个原则：一是坚持政治性，把坚持正确的政治方向摆在首位，坚持以党的二十大精神为行动指南，确保相关政策文件、编选编排、相关概念的准确；二是坚持前沿性，丛书选题充分体现鲜明的时代特征，面向未来发展重点领域，内容充分展现现代化新征程的新机遇、新要求、新举措；三是坚持实用性，丛书编制注重理论与实践的结合，特别是用新的理论要求指导新的实践，内容突出针对性、示范性和可操作性。

“现代化新征程丛书”按照“四位一体”架构进行设计，第一期包含十余种图书，主要涵盖四个方面：前沿产业、商业环境、发展空间、基础设施。其中，“前沿产业”主题有“未来产业”“新金融”“服务型制造”“氢能产业”“元宇宙”“扎根实体经济”“制造新模式”；“商业环境”主题有“优化营商环境”；“发展空间”主题有“未来社区”“新型工业化基地”“先进制造业集群”；“基础设施”主题有“新基建”；此外，丛书编委会根据前期调研，撰写了“高质量发展典型案例”。

相知无远近，万里尚为邻。我们希望通过此套丛书，加强智库与智库、智库与传播之间协作，促进智库研究机构与智库传播机构的高水平联动，构建智库型出版产业体系和生态系统，实现“智库引领、出版引路、路径引导”，共同助力高质量发展，为全面建成社会主义现代化强国、实现第二个百年奋斗目标作出积极贡献！

隆国强

国务院发展研究中心副主任、党组成员

2023 年 1 月

前　言

党的二十大报告指出，建设现代化产业体系，坚持把发展经济的着力点放在实体经济上，推进新型工业化，加快建设制造强国。先进制造业集群是在一定区域内，基于技术创新、专业化分工与比较优势，先进制造领域企业及相关产业主体共同形成的在创新能力、组织架构、运营机制、品牌效应、开放程度、规模体量、市场竞争力等方面处于领先水平的产业创新生态。培育先进制造业集群，是建设现代化产业体系和建设制造强国的实践路径，是贯彻落实党的二十大部署和推进高质量发展的战略举措。美国、日本、英国、欧盟等发达经济体均制定了相应的发展战略和支持政策，推动本地优势领域制造业集群发展壮大，并把打造世界级先进制造业集群作为提升产业国际竞争力、抢占未来经济制高点的重要策略。

为培育我国先进制造业集群，工业和信息化部自 2019 年开始组织实施先进制造业集群发展专项行动。截至 2022 年，全国共遴选出 3 批 45 个国家先进制造业集群。在各方的共同努力下，通过构建比学赶超、互促发展的集群间竞赛机制，推动形成要素高效集聚、循环畅通的集群生态，培育了专业化、市场化的集群发展促进组织，我国在先进制造业集群培育方面取得重要进展，初步形成了龙头企业引领、集聚效应显著、创新能力凸显、规模效应突出的集群体系。据工业和信息化部统计，2021 年 45 个国家先进制造业集群主导产业产值达 19 万亿元，布局建设了 18 个国家制造业创新中心，培育创建了 170 余家国家级单项冠军企业、2200 余家国家级专精特新“小巨人”企业，成为推动制造业高质量发展的重要载体。需要注意的是，我国一些先进制造业集群存在龙头企业效应不足、创新策源能力不强、促进组织不够健全、产业协同关联少、数字化智能化水平不高、产业链供应链韧性不足等问题。

新形势下，我国要更加重视先进制造业集群，充分认识先进制造业集群在中国式现代化新征程中的作用。

第一，培育先进制造业集群是落实创新驱动战略、实现科技自立自强的实践路径。全面建成社会主义现代化强国要依靠科技自立自强，加快实施创新驱动发展战略，推动产学研深度合作，着力强化重大科技创新平台建设，支持顶尖科学家领衔进行原创性、引领性科技攻关，努力突破关键核心技术难题，在重点领域、关键环节实现自主可控。先进制造业集群的本质是创新集群，而创新集群的发展则源于创新网络的构建和演化。从机制上看，这个过程大致可以分为创新网络形成、创新网络的开放与强化、创新网络的本地化等阶段。在创新网络的构建和演化过程中，促进组织发挥着重要作用。作为先进制造业集群的主要组织形式，创新网络把握先进制造业的技术前沿、重大问题与突破路径，具有能够更加有效地配置创新资源的优势，能够快速提升本地的全球竞争力，从而提升先进制造业集群所在地区的企业创新能力，加快迈向全球价值链中高端。

第二，培育先进制造业集群是构建现代化产业体系、落实制造强国战略的实践路径。培育先进制造业集群，将加快我国产业体系升级发展。一方面，先进制造业集群将助力开辟新领域、制胜新赛道，带动传统制造业数字化转型及先进适用技术应用，实现传统制造业高端化、智能化、绿色化水平提升。另一方面，先进制造业集群将承载战略性新兴产业和未来产业发展，支撑新能源、人工智能、生物制造、绿色低碳、量子计算等前沿技术研发和应用推广，支持专精特新企业发展。同时，对增强产业链供应链韧性和安全发挥重要的支撑作用，促进制造业与服务业深度融合发展。

第三，培育先进制造业集群是打造世界级城市群和提升产城能级、城市竞争力的有效手段。世界级城市群的形成和发展离不开规模大、层次丰富的人口，特别是高层次人才的集聚和具有全球竞争力的产业集群。先进制造业集群具备促进知识的创新与扩散、深化产业分工、降低交易成本和运输成本、提高企业市场反应速度等优势，是产业发展的主要空间形态。先进制造业集群凭借其经济体量大、产业生态丰富、企业数量多的特点，提供了大量就业机会，对高层次人才和劳动力有强大的吸引力，为世界级城市群建设提供核心要素。通过创新链和产业链布局，先进制造业集群不断突破关键核心技术，聚集创新要素和创新资源，形成自主创新能力，完善创新体系和产业生态，进而提升产业能级和城市竞争力。

第四，培育先进制造业集群将带动区域深化改革和营商环境提升。不同于依靠廉价的土地、劳动力和资源环境配置利用带来的经济高速增长，我国经济发展已由高速增长阶段转向高质量发展阶段。传统的劳动力、土地等生产要素的比较优势正在逐渐减弱，有利于创新网络构建和先进制造业发展的制度供给成为重要的核心竞争力。因而，先进制造业集群培育将带动区域深化改革和营商环境提升。深化科技体制改革，大力培育创新文化，健全科技评价体系和激励机制，将为创新人才脱颖而出、施展才华创造良好环境。营造市场化、法治化、国际化营商环境，强化支持先进制造业的政策导向，引导更多资源要素向先进制造业流动，将形成有利于先进制造业发展的良好生态。

第五，培育世界级先进制造业集群需要高水平对外开放和扩大合作。培育世界级先进制造业集群，必须将扩大开放和深化国际合作作为保持集群活力的源泉，整合国际资源，嵌入全球价值链，在全球进行优化布局，提升国际竞争力。推动国内先进制造业集群与国外集群建立战略合作机制，在产业合作、政策创新、文化培训、人才交流等方面开展合作，提升先进制造业集群的国际影响力。鼓励集群企业“走出去”和“引进来”，主动嵌入全球产业链、价值链和创新链，强化国内外联合研发创新，共同攻关新技术、拓展新业务、开辟新市场、分享新机遇。有效组合和完善产业集群出口贸易、技术转让和对外直接投资，技术装备“走出去”与配套服务协同推进，加强与国际领军企业合作，通过持续开放合作不断强化先进制造业集群的创新网络，形成以技术、标准、品牌、质量、服务为核心的集群优势。

我国培育先进制造业集群的目标是将其打造成为世界级先进制造业集群。虽然我国先进制造业集群培育取得显著成绩，但与世界级先进制造业集群相比还存在显著差距。我国应秉持以下思路，加快构建世界级先进制造业集群。第一，把握绿色化、智能化、网络化的发展趋势，以创新能力提升为核心，以龙头企业和创新型企业培育为重点，聚焦重点区域和重点产业，推进关键共性技术及核心技术研发，构建先进制造业集群的核心网络。第二，以打造功能健全、机制灵活、运行高效的新型促进组织为抓手，以高质量、专业化服务促进创新资源流动、创新要素聚集和创新主体协同，加速推进先进制造业集群核心网络的开放与强化。第三，强化和完善先进制造业集群的顶层设计，构建支撑先进制造业集群发展的国家和地方产业政策体系，围绕技术创新、产品创新、工艺创新、商业模式创新等创新行为和创新要素流动、创新资源整合等产业需求，以提升产业竞争力和打造竞争优势为目标，破除产业协同的行政壁垒和体制机制障碍，优化提升区域创新环境，建设高质量先进制造业集群。

为做好先进制造业集群培育工作，建议将培育先进制造业集群上升为国家战略。研究制定国家层面的先进制造业集群引导性政策，结合不同主导产业类型和处于不同发展阶段的先进制造业集群特点，制定差异化的动态支持政策。聚焦重点产业和重点领域，引导地方政府出台集群支持政策和集群培育机制。创新先进制造业集群培育模式，通过研发合作、生产合作、商业协作等方式，把各类具有竞争关系的企业和大学、研究机构、金融机构、行会协会等主体转变为产业联合体和价值共同体，将一项技术、一个产品、一个环节的创新，转变为技术创新、产业链协同创新、产业生态创新。聚焦先进制造业发展的新方向，增强新能源汽车、光伏、移动通信、电力装备等领域全产业链优势，聚焦新一代信息技术、新能源、新材料等重点领域，培育壮大新兴产业。前瞻布局未来产业，丰富完善应用场景，培育产业生态，抢占未来竞争制高点。

本书从战略导向及支持政策、整体特征、取得成效及存在问题等方面分析了我国先进制造业集群培育的进展，分析了国外先进制造业集群的典型案例，总结了相关经验及对我国的启示；在实地调研的基础上，构建了一个先进制造业集群的理论分析框架，分析了重点先进制造业集群的主要特征，对典型先进制造业集群进行了深入的案例剖析。本书针对我国先进制造业集群迈向世界级先进制造业集群面临的挑战，提出了培育思路、重点工作和政策建议。

本书是浙江工业大学和国研智库研究团队的阶段性研究成果，编写过程中吸收了工业和信息化部委托课题的部分研究成果。在对先进制造业集群调研过程中，安徽、浙江、广东以及杭州、宁波、合肥、无锡等地工信部门和无锡物联网创新促进中心、深圳市清新电源研究院等机构提供了相应支持。本书还得到了有关领导、专家的指导和帮助，在此一并表示感谢。限于精力和水平，疏漏之处敬请批评指正。

本书的出版将为各级政府主管部门、产业园区、产业服务平台和广大制造业企业研判我国先进制造业发展形势提供参考。同时，本书还将为高等院校、科研院所、智库机构、专家学者开展制造强国和高质量发展相关研究提供有益借鉴。

目 录

第一章

我国培育先进制造业集群进展分析

制造业是立国之本、兴国之器、强国之基，是实体经济的重要组成部分。习近平总书记在致2019年世界制造业大会的贺信[①]中指出，“全球制造业正经历深刻变革”“把推动制造业高质量发展作为构建现代化经济体系的重要一环”。随着第三次科技革命和产业变革的深入推进，新一代信息技术与制造业的深度融合加快，国家之间的竞争更多体现在多学科、多层次、跨区域和跨技术领域的先进制造业之间的竞争。美国、英国、日本、欧盟等世界制造业发达经济体更加重视先进制造业发展，实施再工业化战略，加快推进新一轮信息技术、物联网、大数据、云计算技术和工业技术相结合，通过数字化、信息化、智能化的改造升级，实现制造业数字化、智能化，持续提升制造业劳动生产率、全要素生产率和国际竞争力。

先进制造业集群是产业分工深化和集聚发展的高级形式。先进制造业集群不仅能够有效配置创新资源，快速提升集群的科技创新水平和竞争力，还能够带动区域内相关产业的快速发展，实现迈向全球价值链中高端。因而，培育发展先进制造业集群是建设制造强国的必然要求，也是加快发展现代化产业体系、构建新发展格局和实现经济高质量发展的关键举措。

近年来，欧美等发达经济体纷纷设立国家计划，打造以先进制造业为主的具有全球竞争力的产业集群，并将其作为谋求全球竞争优势的核心战略。德国2005年制定面向联邦政府所有部门的集群战略，2007年

① 习近平：“向2019世界制造业大会致贺信”，央视网2019年9月20日，https://tv.cctv.com/2019/09/20/VIDEcERVL3x0wKtIa1g9Dj75190920.shtml。

提出“领先集群竞争计划”，试图打造 15 个世界级创新集群；日本政府 2002 年设立“知识集群计划”，2010 年设立“区域创新集群计划”，打造 17 个全球性创新集群；美国国会 2010 年通过《美国竞争力再授权法案 2010》，设立“区域创新（集群）计划”，推进横跨美国大陆的 56 个创新集群；欧盟 2008 年确立打造世界级集群的战略目标，欧盟委员会 2009 年提出“欧洲集群卓越计划”。

2017 年以来，培育和发展先进制造业集群成为我国明确的战略导向。党的十九大报告提出，促进我国产业迈向全球价值链中高端，培育若干世界级先进制造业集群。这是我国国家层面首次提出培育发展先进制造业集群，并明确“深度参与全球产业链价值链分工，加快提升集群的国际竞争力和影响力”的目标。党的二十大报告则进一步提出，“建设现代化产业体系。坚持把发展经济的着力点放在实体经济上，推进新型工业化，加快建设制造强国”。随着战略导向的不断明朗，我国陆续出台了一系列支持先进制造业集群发展的产业政策和支持措施。其中，工业和信息化部的先进制造业集群政策较有代表性。工业和信息化部自 2019 年启动了“先进制造业集群培育计划”，在各方的共同努力下，到 2022 年已先后确定了 45 个先进制造业集群。这些先进制造业集群已在先发优势、规模效应、龙头企业、创新活力、集群生态等方面取得显著进展。

一、我国培育先进制造业集群的战略及政策导向

制造业的集群化发展是产业发展的基本规律，也是传统制造业结构调整和转型升级的必由之路，制造业的发展水平在一定程度上代表了国

家的产业竞争力。随着我国区域发展战略的实施和区域经济结构调整步伐加快，先进制造业集群在聚集创新资源、强化专业化分工、加强创新主体协同、降低创新成本、优化生产要素配置等方面作用显著，对于构建新发展格局和全面建成社会主义现代化强国具有十分重要的意义。

我国高度重视先进制造业集群的发展，战略导向不断明朗，产业政策加快出台。从国家层面来看，2010 年 10 月，《国务院关于加快培育和发展战略性新兴产业的决定》提出，要“坚持创新发展，将战略性新兴产业加快培育成为先导产业和支柱产业”，并“大力培育产业集群，促进优势区域率先发展”，培育和发展战略性新兴产业成为产业集群和区域发展的重点。2016 年 11 月，国务院印发《“十三五”国家战略性新兴产业发展规划》，进一步提出“打造一批战略性新兴产业发展策源地、集聚区和特色产业集群，形成区域增长新格局”。2017 年 10 月，党的十九大报告明确提出，要“促进我国产业迈向全球价值链中高端，培育若干世界级先进制造业集群”。这是中国经济由高速增长向高质量发展转变的新举措，也为新时期推动我国制造业高质量发展、加快制造强国建设指明了新方向和新路径。2021 年 3 月，《中华人民共和国国民经济和社会发展第十四个五年规划和 2035 年远景目标纲要》明确提出，“推动制造业规模化集群化发展”“加快培育世界级先进制造业集群”“引领新兴产业和现代服务业发展”。2022 年 1 月，《“十四五”数字经济发展规划》提出，要“围绕共性转型需求，推动共享制造平台在产业集群落地和规模化发展”，同时要“积极探索发展跨越物理边界的‘虚拟’产业园区和产业集群，探索建立各类产业集群跨区域、跨平台协同新机制，促进创新要素整合共享，提升产业链供应链协同配套能力”。2022 年 10 月，党的二十大报告强调：“推动战略性新兴产业融合集群发展，构建新一代信息技术、人工智能、生物技术、新能源、新材料、高端装备、绿色环保等一批新的增长引擎。”2022年12月，中共中央、国务院印发的《扩大内需战略规划纲要（2022—2035年）》也提到，要积极“推动先进制造业集群发展，建设国家新型工业化产业示范基地，培育世界级先进制造业集群”。2023年1月，习近平总书记在中共中央政治局第二次集体学习①时强调，“新发展格局以现代化产业体系为基础”“要加快建设制造强国、质量强国、网络强国、数字中国，打造具有国际竞争力的数字产业集群”，进而加快构建自主可控、安全可靠、竞争力强的现代化产业体系。2023年2月，中共中央、国务院印发《质量强国建设纲要》，强调“提升产业集群质量引领力”，积极“支持先导性、支柱性产业集群，加强先进技术应用、质量创新、质量基础设施升级，培育形成一批技术质量优势突出、产业链融通发展的产业集群”。

从国家主管部门来看，早在2007年11月，《国家发展改革委关于促进产业集群发展的若干意见》就提出，“把产业集群发展和转变经济发展方式、促进结构调整和产业升级、推进技术进步、实现节能减排有机结合起来”“培育和发展一批特色明显、结构优化、体系完整、环境友好和市场竞争力强的产业集群”。2015年7月，工业和信息化部印发《关于进一步促进产业集群发展的指导意见》，从7个方面提出了推动产业集群转型升级、进一步促进产业集群发展的20条意见。这是工业和信息化部成立以来首次就促进产业集群发展方面出台指导意见。2019年11月，国家发展改革委下发《关于加快推进战略性新兴产业产业集群建设有关工作的通知》，公布了第一批66个国家级战略性新兴产业集群名单，主要包含新一代信息技术、高端装备、新材料、生物医药和节能环保等领域。近年来，随着创新驱动发展战略的深入

① “习近平主持中共中央政治局第二次集体学习并发表重要讲话”，中国政府网2023年2月1日，http://www.gov.cn/xinwen/2023-02/01/content_5739555.htm。

推进，我国创新型产业集群迎来新的发展契机。2020 年 4 月，科学技术部印发的《关于深入推进创新型产业集群高质量发展的意见》明确指出，按照“一区一主导产业”布局建设创新型产业集群，在现有创新型产业集群试点和培育基础上，重点建设 100 个国家创新型产业集群，形成若干万亿元级产业规模和一批千亿元级产业规模的创新型产业集群。2020 年 9 月，国家发展改革委、科学技术部、工业和信息化部、财政部等四部门联合印发《关于扩大战略性新兴产业投资 培育壮大新增长点增长极的指导意见》，提出“构建产业集群梯次发展体系，培育和打造 10 个具有全球影响力的战略性新兴产业基地、100 个具备国际竞争力的战略性新兴产业集群，引导和储备 1000 个各具特色的战略性新兴产业生态，形成分工明确、相互衔接的发展格局”。除了先进制造业集群之外，工业和信息化部于 2022 年 9 月印发了《促进中小企业特色产业集群发展暂行办法》，明确了中小企业特色产业集群的培育方向和认定标准，提出“十四五”期间在全国范围认定 200 个左右集群、引导和支持地方培育一批省级集群的目标。可见，培育和打造具有国际竞争力的先进制造业集群已经成为构建新发展格局、建设制造强国和现代化产业体系的战略举措。加快提升先进制造业集群发展水平和国际竞争力，有利于我国推动制造业从量的扩张转向质的提升，有利于促进产业迈向全球价值链中高端（见表 1）。

表 1　我国培育先进制造业集群的主要政策梳理

时间	发布单位	文件名称	重要举措
2007年11月	国家发展改革委	《国家发展改革委关于促进产业集群发展的若干意见》	加强科学规划，遵循产业集群形成、演进、升级的内在规律，准确把握产业集群不同发展阶段特征，提升产业集群整体优势；着力发展一批具有国际竞争力、在同行业中具有较大影响的高技术产业集群

续表

时间	发布单位	文件名称	重要举措
2010年10月	国务院	《国务院关于加快培育和发展战略性新兴产业的决定》	立足我国国情和科技、产业基础，现阶段重点培育和发展节能环保、新一代信息技术、生物、高端装备制造、新能源、新材料、新能源汽车等产业；大力培育产业集群，促进优势区域率先发展
2015年7月	工业和信息化部	《关于进一步促进产业集群发展的指导意见》	加强规划引导，促进产业集群科学发展；提升龙头骨干企业带动作用，强化专业化协作和配套能力；加强区域品牌建设，推动要素聚集和价值提升；提高产业集群信息化水平，建设智慧集群；提升创新能力，增强集群竞争优势；提升公共服务能力，支撑产业集群转型升级；加强指导和政策支持，优化产业集群发展环境
2016年11月	国务院	《"十三五"国家战略性新兴产业发展规划》	遵循战略性新兴产业发展的基本规律，突出优势和特色，打造一批战略性新兴产业发展策源地、集聚区和特色产业集群，形成区域增长新格局。形成若干具有全球影响力的战略性新兴产业发展策源地和技术创新中心，打造百余个特色鲜明、创新能力强的新兴产业集群
2020年4月	科学技术部	《关于深入推进创新型产业集群高质量发展的意见》	要充分发挥国家高新技术产业开发区的产业集聚作用，按照"一区一主导产业"布局建设创新型产业集群；在现有创新型产业集群试点和培育基础上，重点建设100个国家创新型产业集群，形成若干万亿元级产业规模和一批千亿元级产业规模，掌握关键核心技术、产业技术体系完备、大中小企业融通发展、处于国际国内领先地位的创新型产业集群
2020年9月	国家发展改革委、科学技术部、工业和信息化部、财政部	《关于扩大战略性新兴产业投资 培育壮大新增长点增长极的指导意见》	深入推进国家战略性新兴产业集群发展工程；构建产业集群梯次发展体系，培育和打造10个具有全球影响力的战略性新兴产业基地、100个具备国际竞争力的战略性新兴产业集群

续表

时间	发布单位	文件名称	重要举措
2022年9月	工业和信息化部	《促进中小企业特色产业集群发展暂行办法》	“十四五”期间，在全国范围内认定200个左右集群，引导和支持地方培育一批省级集群。建立集群动态管理和跟踪监测机制；明确中小企业特色产业集群的培育方向和认定标准
2022年12月	中共中央、国务院	《扩大内需战略规划纲要（2022—2035年）》	深入推进国家战略性新兴产业集群发展，建设国家级战略性新兴产业基地；推动先进制造业集群发展，建设国家新型工业化产业示范基地，培育世界级先进制造业集群；打造具有国际竞争力的数字产业集群

资料来源：笔者根据相关资料整理。

二、我国先进制造业集群整体进展

近年来，我国加快推进制造强国建设，制造业发展迈上新台阶。据工业和信息化部统计，从 2012 年到 2021 年，我国制造业增加值从 16.98 万亿元增加到 31.4 万亿元，占全球比重从 20% 左右提高到近 30%，制造业综合实力和国际影响力大幅提升。我国战略性新兴产业快速发展，高技术制造业和装备制造业占规模以上工业增加值比重分别从 2012 年的 9.4%、28% 提高到 2021 年的 15.1%、32.4%，对制造业的支撑作用显著增强。同时，我国先进制造业与现代服务业相融相长的进程加速推进，生活性服务业加快迈向高品质、多样化。

为深入推进制造强国战略，工业和信息化部于 2019 年启动了先进制造业集群培育工作。2019 年 6 月起，工业和信息化部启动了首轮国家先进制造业集群竞赛，围绕新一代信息技术、高端装备、新材料、生物医药等重点领域，采取“赛马”方式，经过初赛、决赛等多轮遴选，在 2021 年 3 月选出两批共 25 个（第一批 15 个、第二批 10 个）先进制造业集群[①]。2022 年 10 月，工业和信息化部公示了“第三轮先进制造业集群决赛优胜者名单”，产生第三批共 20 个先进制造业集群。截至 2022 年，国家先进制造业集群总数达到 45 个[②]。除了长三角、珠三角等经济发达区域之外，整个北方地区入选 6 个集群，东北地区和京津冀地区实现突破。国家先进制造业集群成为承担国家使命、代表国家参与全球竞争与合作的世界级产业集群（见表 2）。

表 2　45 个国家先进制造业集群名单

序号	先进制造业集群名称
一、第一批	
1	广东省深圳市新一代信息通信集群
2	江苏省无锡市物联网集群
3	广东省深圳市先进电池材料集群
4	上海市集成电路集群
5	广东省广佛惠超高清视频和智能家电集群
6	江苏省南京市软件和信息服务集群
7	广东省东莞市智能移动终端集群
8	江苏省南京市新型电力(智能电网)装备集群
9	湖南省株洲市先进轨道交通装备集群
10	湖南省长沙市工程机械集群
11	江苏省苏州市纳米新材料集群
12	江苏省徐州市工程机械集群
13	安徽省合肥市智能语音集群
14	上海市张江生物医药集群
15	陕西省西安市航空集群

① “先进制造业集群决赛优胜者名单公示”，工业和信息化部网站 2021 年 3 月 22 日，https://www.miit.gov.cn/jgsj/ghs/gzdt/art/2021/art_c59a0995a34d4c26a850faae580f0544.html。

② “工业和信息化部公布 45 个国家先进制造业集群名单”，工业和信息化部网站 2022 年 11 月 30 日，https://www.miit.gov.cn/xwdt/gxdt/sjdt/art/2022/art_8d77dc1565ce423e980f597c9c17601c.html。

续表

序号	先进制造业集群名称
二、第二批	
1	浙江省杭州市数字安防集群
2	山东省青岛市智能家电集群
3	浙江省宁波市磁性材料集群
4	广东省广深佛莞智能装备集群
5	山东省青岛市轨道交通装备集群
6	江苏省常州市新型碳材料集群
7	广东省深广高端医疗器械集群
8	浙江省温州市乐清电气集群
9	四川省成都市软件和信息服务集群
10	四川省成都市、德阳市高端能源装备集群
三、第三批	
1	湖北省武汉市光电子信息集群
2	湖南省长沙市新一代自主安全计算系统集群
3	四川省成渝地区电子信息先进制造集群
4	湖南省株洲市中小航空发动机集群
5	江苏省南通市、泰州市、扬州市海工装备和高技术船舶集群
6	山东省潍坊市动力装备集群
7	河北省保定市电力及新能源高端装备集群
8	辽宁省沈阳市机器人及智能制造集群
9	福建省宁德市动力电池集群
10	浙江省宁波市绿色石化集群
11	江西省赣州市稀土新材料及应用集群
12	江苏省苏州市生物医药及高端医疗器械集群
13	江苏省泰州市、连云港市、无锡市生物医药集群
14	京津冀生命健康集群
15	上海市新能源汽车集群
16	湖北省武汉市、襄阳市、十堰市、随州市汽车集群
17	吉林省长春市汽车集群
18	内蒙古呼和浩特市乳制品集群
19	广东省佛山市、东莞市泛家居集群
20	江苏省苏州市、无锡市、南通市高端纺织集群

资料来源：笔者根据公开资料整理。

45个先进制造业集群主要分布在新一代信息技术、高端装备、新材料、生命健康、电子电气、新能源汽车等重点领域，部分地区产业集群的销售收入、产业总值占当地企业的一半以上，产业集群在辐射带动产业链上下游企业、支撑区域经济发展方面的作用日益明显。通过开展集群培育，45个先进制造业集群提质升级步伐加快，在提高科技创新能力、增强制造业核心竞争力、强化创新平台建设、加速聚集创新要素、推动制造业高质量发展方面发挥着关键作用。45个先进制造业集群囊括了很多技术创新能力最强的制造业研发载体，覆盖了高端装备、智能制造和新材料产业的重点领域，这也是当前世界各国技术创新和先进制造业竞争的着力点。根据工业和信息化部的统计数据，2021年我国45个先进制造业集群主导产业产值达19万亿元，布局建设了18家国家制造业创新中心，占全部国家级创新中心数量的70%。同时，45个先进制造业集群拥有国家级技术创新载体1700余家，培育创建了170余家国家级单项冠军企业和2200余家国家级专精特新“小巨人”企业，成为推动制造业高质量发展的重要载体和提升产业竞争力的重要力量。

（一）地域空间分布呈现显著差异

从地域空间分布来看，45个先进制造业集群主要分布在长三角和珠三角地区，地域空间分布特征总体呈现“东密西疏、南多北少”的分布格局。东部地区先进制造业集群达30个，分布最多，占比高达66.67%，位居全国首位。排名第二的中部地区分布先进制造业集群8个，占比为17.78%。排名第三和第四的分别是西部地区和东北地区，先进制造业集群数量分别为5个和2个，占比分别为11.11%、4.44%（见图1）。其中，京津冀、长三角、珠三角、成渝4个重点区域先进制造业集群达 30 个，占比达 66.67%。可见，先进制造业集群已经成为引领区域经济发展的重要引擎。此外，越来越多的城市选择“组团”发展先进制造业集群。例如，广东省广深佛莞智能装备集群由广州、深圳、佛山、东莞 4 个城市合力创建，上下游产业链协同错位发展，2021 年总产值超过 8000 亿元，是全国规模领先、品类最多的智能装备集聚区域。京津冀生命健康集群由北京、天津和河北石家庄共同申报，在京津冀协同发展战略部署下，京津冀三地生命健康产业进行互补协作发展，2021 年京津冀生命健康集群实现工业总产值约 6264 亿元，占全国生命健康产业总产值的比重约为 20.6%。京津冀生命健康集群聚集了 6291 家生命健康企业，其中规模以上企业达 963 家、高新技术企业 1289 家、上市企业 88 家、中国医药工业百强企业 25 家、独角兽企业 16 家。

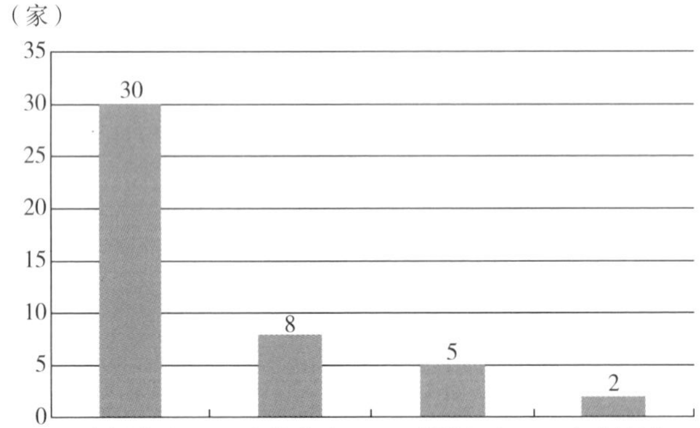

图 1　45 个国家先进制造业集群区域分布情况

资料来源：笔者自制。

（二）产业聚类明显，新旧产业融合

作为制造业的核心领域，先进制造业已然成为我国经济高质量发展的重要推动力，引领实体经济的发展方向。从主导产业分布看，45个先进制造业集群传统产业与新兴产业并重，既有内蒙古呼和浩特市乳制品集群、山东省青岛市智能家电集群、上海市集成电路集群、浙江省宁波市绿色石化集群等传统产业集群，也有辽宁省沈阳市机器人及智能制造集群、广东省深圳市先进电池材料集群、江苏泰连锡生物医药集群、江苏省常州市新型碳材料集群、湖南省株洲市中小航空发动机集群等新兴产业集群。从产业领域分布看，45个先进制造业集群存在明显的集聚特征，主要分布在新一代信息技术、高端装备、新材料、生物医药及高端医疗器械、消费品领域、新能源及智能网联汽车领域。具体来看，新一代信息技术领域先进制造业集群13个，高端装备领域13个，新材料领域7个，生物医药及高端医疗器械领域5个，新能源及智能网联汽车领域3个。其中，新一代信息技术、高端装备、新材料三大领域累计拥有33个先进制造业集群，占比超过70%（见图2）。从产业集聚特点来看：一类是以某一“专精特新”中间产品企业为成员、平台型企业为龙头的横向聚集；另一类是以某一类终端产品上下游企业为成员、核心产品企业为龙头的纵向聚集。

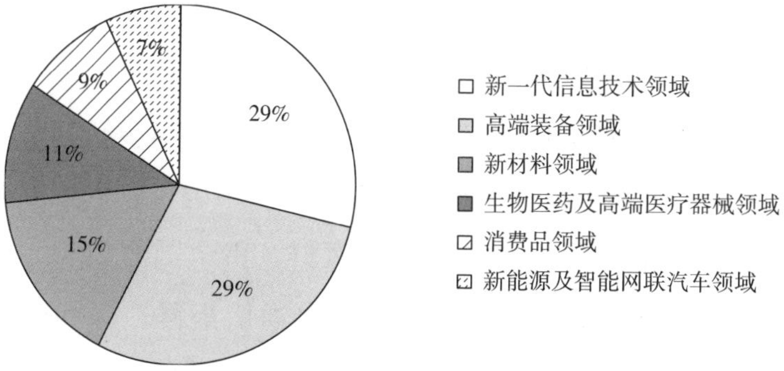

图2　45个国家先进制造业集群产业分布情况

资料来源：笔者自制。

值得注意的是，先进制造业集群不仅具有明显的集聚特征，而且几乎覆盖了区域产业发展的重点领域。45 个先进制造业集群包括深圳市新一代信息通信集群、无锡市物联网集群、上海市集成电路集群等，不仅高度集聚在某个重点产业或战略性新兴产业，而且覆盖了信息通信、物联网、集成电路、智能制造、纳米材料等制造强国建设重点领域，成为引领带动重点行业和领域创新发展的重要力量。以湖北省武汉市光电子信息集群为例，产业集群中主导门类有光通信、光电显示、激光及光电传感四大领域，“武汉·中国光谷”已成为全球最大的光纤光缆制造基地。广东省分布的 7 个先进制造业集群，也均是广东省近年来培育战略性新兴产业集群的重点。例如，深圳市先进电池材料集群是工业和信息化部第一批重点培育的先进制造业集群，拥有 A 股上市相关企业超过 19 家，规模以上企业超过 100 家，高新技术企业超过 35 家。

（三）覆盖重要地区，引领经济发展

我国当前的先进制造业集群覆盖全国大多数地区，成为引领区域经济发展的重要引擎。从全国分布来看，45 个国家先进制造集群覆盖了 19 个省（自治区、直辖市）、3 个计划单列市。其中，江苏省拥有无锡市物联网集群、南京市软件和信息服务集群、南京市新型电力（智能电网）装备集群、苏州市纳米新材料集群、徐州市工程机械集群、常州市新型碳材料集群等 10 个先进制造业集群，占全国的 22%，数量位居全国首位；广东省拥有深圳市新一代信息通信集群、深圳市先进电池材料集群、广佛惠超高清视频和智能家电集群、东莞市智能移动终端集群等 7 个先进制造业集群，数量位居全国第二；浙江省及湖南省则均有 4 个集群，数量并列全国第三（见图 3）。45 个国家先进制造业集群中，江苏、广东、浙江、湖南4省共有25个先进制造业集群，占比超过50%。

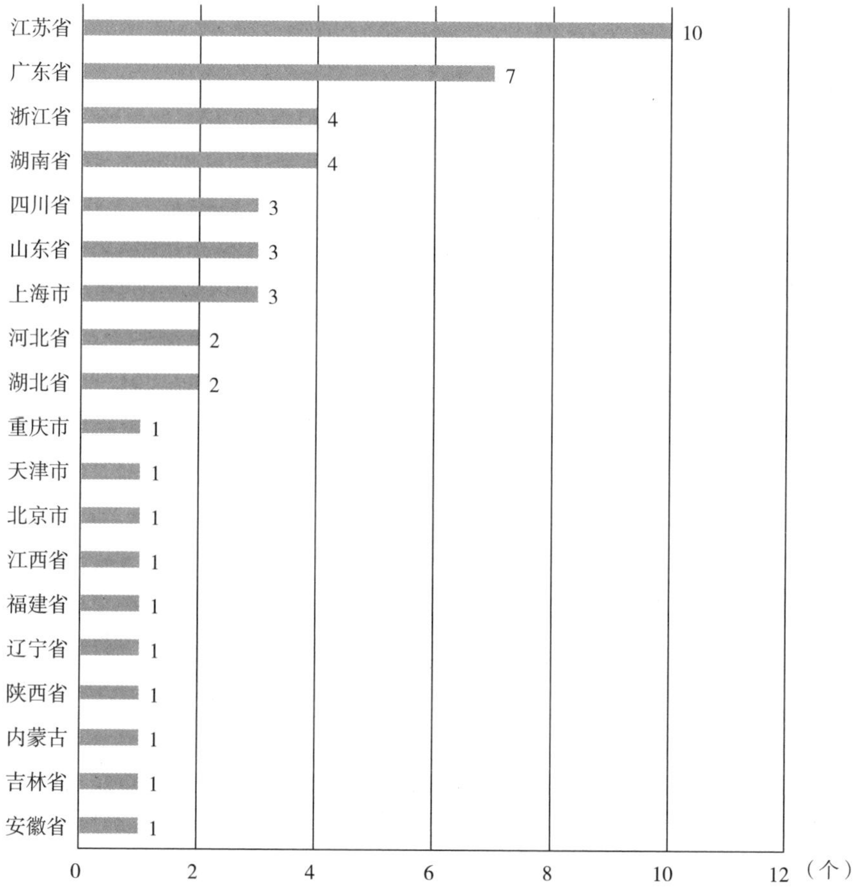

图3　45个国家先进制造业集群省域分布情况

资料来源：笔者自制。

注：先进制造业集群多个省份或者城市共同申报的，则进行分别计算。如京津冀生命健康集群将北京、天津、河北分别计入1个；成渝地区电子信息先进制造集群将四川、重庆分别计入1个。

先进制造业也是城市能级和核心竞争力的重要体现。从城市分布来看，45个国家先进制造业集群主要分布在深圳、苏州、上海、广州、佛山、东莞、成都、无锡、长沙、武汉、青岛、宁波、南京等40个城市。其中，深圳有4个先进制造业集群，位居全国第一。苏州、上海、广州、佛山、东莞、成都和无锡均有3个集群，并列全国第二。长沙、南京、武汉、青岛、宁波、泰州、株洲均有2个集群，并列全国第三（见表3和图4）。

表3　　45个国家先进制造业集群分布情况

江苏省	无锡市物联网集群；南京市软件和信息服务集群；南京市新型电力（智能电网）装备集群；苏州市纳米新材料集群；徐州市工程机械集群；常州市新型碳材料集群；南通市、泰州市、扬州市海工装备和高技术船舶集群；苏州市生物医药及高端医疗器械集群；泰州市、连云港市、无锡市生物医药集群；苏州市、无锡市、南通市高端纺织集群	广东省	深圳市新一代信息通信集群；深圳市先进电池材料集群；广佛惠超高清视频和智能家电集群；东莞市智能移动终端集群；广州市、深圳市、佛山市、东莞市智能装备集群；深圳市、广州市高端医疗器械集群；佛山市、东莞市泛家居集群
湖南省	株洲市先进轨道交通装备集群；长沙市工程机械集群；长沙市新一代自主安全计算系统集群；株洲市中小航空发动机集群	浙江省	杭州市数字安防集群；宁波市磁性材料集群；温州市乐清电气集群；宁波市绿色石化集群
上海市	上海市集成电路集群；上海市张江生物医药集群；上海市新能源汽车集群	四川省	成都市软件和信息服务集群；成都市、德阳市高端能源装备集群；成渝地区电子信息先进制造集群
山东省	青岛市智能家电集群；青岛市轨道交通装备集群；潍坊市动力装备集群	河北省	保定市电力及新能源高端装备集群
安徽省	合肥市智能语音集群	陕西省	西安市航空集群
湖北省	武汉市光电子信息集群；武汉市、襄阳市、十堰市、随州市汽车集群	辽宁省	沈阳市机器人及智能制造集群
吉林省	长春市汽车集群	福建省	宁德市动力电池集群
内蒙古	呼和浩特市乳制品集群	江西省	赣州市稀土新材料及应用集群
京津冀	京津冀生命健康集群		

资料来源：笔者整理。

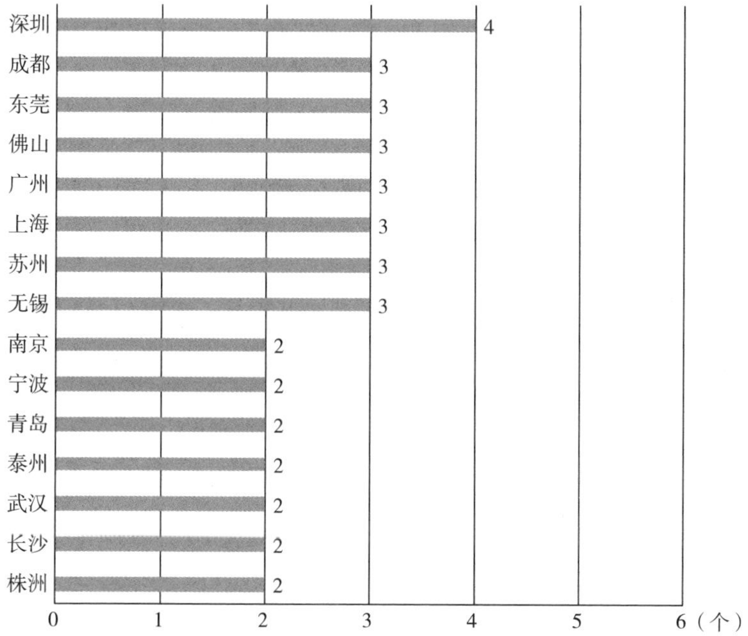

图 4　45 个国家先进制造业集群主要城市分布情况

资料来源：笔者自制。

注：以上城市先进制造业集群数量大于或等于 2 家。

（四）政策强力支持，产业集群快速推进

2019 年工业和信息化部启动“先进制造业集群发展专项行动”后，不仅得到财政部、商务部等部门的支持，各地政府也高度重视并大力支持先进制造业集群的发展，通过制定和实施一系列相关政策支持措施，积极引导和推动重点区域产业集群化发展。赛迪智库发布的《2020 先进制造业集群白皮书》显示，先进制造业集群已成为地方政府未来 5 年乃至中长期推动制造业高质量发展的一项重要工作。据统计，2020 年 31 个省（自治区、直辖市）政府工作报告中，有 29 个地区明确提出产业集群式发展，占比达 93.5%。其中，一些省份已明

确提出“十四五”时期产业集群的未来产值目标。2020 年 3 月，浙江省工业转型升级领导小组印发的《浙江省培育先进制造业集群行动计划》提出，着力打造绿色石化、数字安防、大湾区汽车制造、大湾区现代纺织 4 个世界级先进制造业集群，加快培育 15 个年产值超千亿元的优势制造业集群。2021 年 8 月，江苏省人民政府发布的《江苏省“十四五”制造业高质量发展规划》明确提出，要全力打造 6 个综合实力国际领先或国际先进的先进制造业集群，培育 10 个综合实力国内领先的先进制造业集群。2022 年 6 月，深圳市人民政府发布《关于发展壮大战略性新兴产业集群和培育发展未来产业的意见》，提出 20 个战略性新兴产业集群发展重点细分领域以及 8 个未来产业重点发展方向。同时，随着中央、地方政府及各部门密集出台鼓励先进制造业发展的扶持政策，各地先进制造业集群建设和发展全面提速。政府也持续推进国家新型工业化产业示范基地建设，引导和支持重点产业集聚区转变发展方式、提升发展质量效益。截至 2022 年 9 月，我国前两批 25 个重点培育的先进制造业集群共创建 10 批 445 家示范基地，共支持创建 6 个工业互联网示范区、4 个国家级车联网先导区、8 个国家级人工智能创新应用先导区。

三、我国先进制造业集群取得的成效

总体来看，在先进制造业集群的带动下，我国制造业综合实力显著提升。第一，我国制造业规模优势不断巩固，制造业增加值从 2012 年的 16.98 万亿元增加到 2021 年的 31.4 万亿元，占全球比重从 20% 左右提高到近 30%，连续 12 年保持世界第一制造大国地位。第二，我国制造业体系完整的优势进一步凸显。我国制造业有 31 个大类、179 个中类和 609 个小类，成为全球制造业门类最齐全、体系最完整的国家。第三，我国制造业产品竞争力显著增强。2012 年以来，我国技术密集型的机电产品、高新技术产品出口额分别由 7.4 万亿元、3.8 万亿元增长到 2021 年的 12.8 万亿元、6.3 万亿元，制造业中间品贸易的全球占比达到 20% 左右。第四，从创新投入看，我国制造业研发投入强度从 2012 年的 0.85% 增加到 2021 年的 1.54%，专精特新“小巨人”企业的平均研发强度达到 10.3%，570 多家工业企业入围全球研发投入 2500 强。第五，从创新成果看，我国已布局建设 23 家国家制造业创新中心和国家地方共建制造业创新中心，支持建设 125 个产业技术基础公共服务平台，在全球创新指数中的排名从 2012 年的第 34 位跃升至 2021 年的第 12 位。与此同时，我国制造业发展仍然存在结构性供需失衡突出、质量效益不高、核心竞争力不强等问题。

（一）产业先发优势明显

从产业的发展历程来看，45 个先进制造业集群普遍具有一定先发优势，青岛市智能家电集群、深圳市先进电池材料集群、上海市集成电路集群等从 20 世纪八九十年代开始发展，形成了良好的产业基础。海尔、海信等本土企业成就了青岛市智能家电集群的先发优势，青岛智能家电领域现有规模以上企业近 300 家，拥有海尔、海信两个世界级品牌及 2000 余家上下游企业，工业产值占全国家电行业近 30%。在万元以上的高端家电产品领域，青岛品牌的市场份额占比超过 70%。其中，冰箱、洗衣机、酒柜、冷柜市场占有率全球第一，热水器、电视机市场占有率国内第一。深圳市先进电池材料集群起步较早，20 世纪 80 年代末，依托电子信息产业的发展优势，电池材料产业迅猛崛起，从最早为消费类电子产品配套，逐步向新能源汽车动力电池、储能电池等领域发展。2009 年，深圳市率先在全国开展新能源汽车示范应用，伴随着新能源汽车大规模投入市场，电池材料的产业规模和水平不断扩大提升。在政府大力支持和促进机构的推动下，先进电池材料集群快速推进，目前深圳市先进电池材料集群已在我国动力电池产业中处于引领地位。

（二）产业规模效应凸显

45 个先进制造业集群中绝大多数产值规模超千亿元，深圳市新一代信息通信集群、广佛惠超高清视频和智能家电集群、成渝地区电子信息先进制造集群产值规模已超万亿元，在全国占据重要地位，具有很强的产业带动效应。深圳在 45 个国家先进制造集群中占据 4 席，分别是深圳市新一代信息通信集群、深圳市先进电池材料集群、深广高端医疗器械集群、广深佛莞智能装备集群，四大集群不仅在全国占有较大的份额，而且规模效应凸显。深圳电子信息制造业总产值达 2.38 万亿元，产业规模约占全国的 1/6。在高端医疗器械领域，深圳产值规模占全国的比重远高于 10%，带动粤港澳大湾区的高端医疗器械产值约占全国 40%。在先进电池材料集群方面，深圳形成了以先进电池材料集群为代表的产业集聚效应，2021 年深圳新材料产业增加值达到 324 亿元。与此同时，45 个先进制造业集群内产品品类齐全、配套完备，主要产品在国内外市场都占据较高的市场份额。具体而言，江苏省南京市新型电力（智能电网）装备集群高压继电保护设备国内市场占有率达 80%，浙江省杭州市数字安防集群核心领域视频监控产品在全球市场的占有率接近 50%，均具有较强的产品竞争力和市场占有率，在全国范围内具有较强的辐射带动作用。

（三）汇聚行业龙头企业

45 个先进制造业集群基本上建立了从研发设计、生产制造到销售服务等多个环节的完整产业链，集聚了产业链上下游企业数千家，形成了规模完善的产业协同体系，并集聚了一批极具国内乃至全球影响力的行业龙头企业。例如，深圳市新一代信息通信集群集聚了华为、中兴、比亚迪等龙头企业；杭州市数字安防集群集聚了数字安防中全国视频监控领域排名前三的龙头企业——海康威视、大华股份、宇视科技；山东省青岛市智能家电集群集聚了海尔、海信、澳柯玛等家电龙头企业；湖南省长沙市工程机械集群拥有三一重工、中联重科、山河智能、铁建重工 4 家全球工程机械行业前 50 强企业；武汉市光电子信息集群汇聚了长江存储、武汉新芯、富士康、华为海思、华星光电、天马微电子等大型企业。

（四）激发产业创新活力

45 个先进制造业集群通过对市场的持续正向反馈，不断积累大量的科技人才、技术、创新资源、创新载体等，在创新要素的汇集方面具有明显优势。武汉市、襄阳市、十堰市、随州市汽车集群集聚整车企业 25 家、规模以上零部件企业 1400 余家，年产值突破 6500 亿元，拥有国家级技术创新载体 40 家、高校院所 130 家、院士专家工作站 151 个、校企共建研发中心500余个。青岛市轨道交通装备集群拥有国家高速列车技术创新中心等国家级技术创新载体35个，累计获得国家、省部级科学技术奖励数百项。深圳市新一代信息通信集群现拥有中科院深圳先进院、光明科学城、鹏城实验室、先进电子材料创新研究院等科研创新载体，建立了企业联合实验室和协同创新中心，形成了以产业协同创新平台为支撑，多渠道、立体式、全方位促进成果转化的创新生态。行业标准制定方面，浙江省温州市乐清电气集群、四川省成都市软件和信息服务集群分别累计参与制定国家标准848项、166项，江苏省南京市新型电力（智能电网）装备集群参与起草1000多项国际、国家和行业标准。先进制造业集群通过产业链各个环节的技术合作和创新互动，促进所在区域形成完整的产业创新链条。

（五）集群生态加快构建

政府积极推动先进制造业集群的培育和建设，在财政、税收、研发支持等方面不断向先进制造业企业倾斜，加强制造业创新中心建设，推进产融合作、信息基础设施布局和重大人才工程项目实施，促使科技、金融、人才、数据等创新要素不断加速向先进制造企业集群集聚，产业创新生态加快构建。2022年9月，前两批25个重点培育的先进制造业集群共集聚近100家单项冠军企业、上千家专精特新“小巨人”企业，规模以上企业近2.5万家以及近50%的国家制造业创新中心、跨行业跨领域工业互联网平台、工业互联网标识解析二级节点，重大技术创新和产品创新不断涌现。

第二章

发达经济体培育先进制造业集群的做法及经验

世界级产业集群是现代化产业体系的重要载体，是制造业全球竞争力的集中体现。目前，世界级产业集群主要分布在发达国家，其中尤以美国硅谷高科技产业集群、德国阿德勒斯霍夫科技园、日本丰田汽车产业集群等最具代表性。总体来看，这些集群具有以下共性特征：一是产业规模在行业内占有较大比重；二是拥有世界一流的行业领军企业；三是围绕领军企业形成专业化分工系统与协作网络；四是具有世界领先的核心技术和持续创新能力。本章主要分析美国、日本、英国、韩国、欧盟等发达经济体拥有的世界级先进制造业集群的主要特征，剖析世界级产业集群的典型案例，总结发达经济体培育先进制造业集群的经验，归纳对我国培育先进制造业集群的启示。

一、世界级先进制造业集群特征分析

先进制造业不仅能够彰显一个国家的综合国力和核心竞争力，也将成为世界经济的重要发展方向。美国、日本、欧盟和英国等发达经济体在推进实体经济发展过程中，均制定了相应的发展战略和支持政策，推动本国和本地区优势领域的制造业集群发展壮大，并把打造世界级先进制造业集群作为提升产业国际竞争力、抢占未来经济竞争制高点的重要举措。

（一）美国先进制造业集群——创新引领的产业化

作为传统的制造业强国，美国拥有一批在电子信息、装备制造、生物医药、新材料、汽车等领域的世界级先进制造业集群。依托这些产业集群，美国长期占据着全球科技及产业链的制高点。总体来看，美国培育先进制造业集群的举措主要有以下几个方面。

1. 制定完备的产业集群政策体系

美国非常重视产业集群的培育和发展，联邦政府和州政府出台了一系列促进产业集群发展的战略规划和相关政策，是培育和推动产业集群发展的重要力量。2010 年，美国联邦政府为推动创新集群的培育和发展，提出了“能源区域创新集群计划”“工作加速器合作集群计划”“区域创新集群计划”3 个区域性的创新集群计划，把创新集群作为推动区域经济发展和未来经济增长的重要动力，并明确提出支持 56 个创新集群建设的政策目标。针对联邦政府提出创新集群的政策目标和战略规划，美国州政府则制定了一系列支持和推动创新集群发展的相关政策以及具体的实施建议。在创新集群培育和发展过程中，美国一些州政府的支持政策更具目的性和导向性。例如，密歇根州政府为推动先进电池创新集群的发展，制定了全面的支持计划和战略政策，包括大幅度的税收减免、大量的科研投入和项目资助、高强度的工程师和技术工人培训等。同时，美国州政府还在促进大学、政府、产业界、国家实验室之间的合作方面发挥着关键作用。

2. 加大集群创新创业的财政支持

美国政府通过财政金融手段积极支持集群内中小企业创新创业发展，重视集群创新创业生态环境的培育。美国政府充分发挥政府资金的引导作用，大力支持产业集群先进技术研发、科研人才奖励、产品市场开拓和产学研合作发展等。如“区域创新集群计划”每年资助集群组织机构约600万美元，用于为集群内中小企业提供创业导师和咨询服务等。同时，美国政府积极扶持初创企业、高成长企业和高附加值企业发展。如“区域创新集群计划”中设立“种子基金”，旨在推动大学、基金公司、地区经济开发机构、企业和非营利机构等成立集群投资基金，对集群内初创企业、高成长企业和高附加值企业进行股权投资。另外，在财政政策方面，美国政府还通过税收优惠、财政补贴、项目扶持等，为集群内中小企业技术创新提供资金支持，减轻中小企业负担。

3. 构建强有力的协作推进机制

美国先进制造业集群构建了系统完善且强有力的多部门协作推进机制。在美国产业集群的培育和发展过程中，通常由一个主导部门根据产业的实际发展需求制定相关规划，联合其他部门以及地方政府为产业集群提供相关配套政策和落实措施，同时加大对区域经济发展具有重要战略意义产业集群的政策引导和财政资金支持。例如，“能源区域创新集群计划”由美国能源部负责，经济发展局、小企业管理局、国家标准技术研究院、劳工部、教育部和国家科学基金委员会等6个部门参与，各个部门间相互协作共同推动产业集群的建设和发展。其中，教育部负责为集群内企业提供科研支撑和人才支持等，并积极推动产学研合作，小企业管理局则侧重于提供教育培训、贷款申请、专利申请等服务。

（二）德国先进制造业集群[①]——赛马式培育机制

作为世界制造强国，德国制造业成功的关键是培育了大量高水平的产业集群，尤其是在生物技术、智能制造、有机电子、碳纤维等领域的 15 个世界级领先集群，集聚了尖端企业、人才、科研机构等资源。不同于美国，德国培育先进制造业集群的措施主要有以下几个方面。

1. 发挥政府在集群建设中的作用

德国政府在产业集群建设和发展过程中发挥着重要作用，从 1995 年实施“生物区域计划”开始，到 2007 年的“领先集群竞争计划”、2012 年的“走向集群计划”和 2021 年“创新未来集群”，德国政府不断加强顶层设计，积极推动产业集群的快速发展，已形成以高新技术战略为代表的技术革命、以工业 4.0 为代表的工业革命和以集群战略为代表的组织革命“三位一体”的国家战略布局体系。德国政府在产业集群的顶层设计、统筹协调、政策配套以及集群组织建设等方面发挥着重要作用。第一，积极发挥政府财政资金的引导和扶持作用，优先支持创新人才、创新要素、研发机构、重点实验室等创新资源向产业集群内布局，提高产业集群整体科技创新能力。第二，加强集群内产学研融合，重点支持大学、科研机构、行业协会与企业共建创新平台、创新联盟和

① 由于德国的先进制造业集群有其特殊性，故从欧盟先进制造业集群中摘出单独介绍。

实验中心等，进而推动产业集群的快速发展。第三，政府对产业集群的培育和建设提供直接资助。政府对产业集群进行长期的资金支持，推动集群企业技术研发合作，减少企业创新成本。

2. 实施赛马机制培育高水平集群

德国产业集群的培育、管理和发展基本上是由区域内各主体自行组织的，最后采用竞赛的方式遴选出联邦政府资助的产业集群。以“领先集群”为例，候选者基于集群的实际情况提交集群发展战略规划和目标，进行自主申报，由包括科学界、产业界、经济界等组成的15人评审委员会从候选者名单中根据各项评选规则和标准遴选出15家集群，然后要求候选者再提供一份更具体详细的申请方案进行第二次竞争评选，最终确定和选择5家作为领先集群，并在5年内由政府予其4000万欧元的资助。目前，德国通过这种竞赛方式已经确定并产生15家领先集群。通过赛马机制不仅能够培育出高水平产业集群，而且可以更好地调动地方政府、企业、机构等相关方参与集群发展的积极性，有利于产业集群制定出可行的发展策略，因为这是集群企业“自下而上”的自主选择，而不是单纯的政府“自上而下”的国家意志。

3. 组建中立高效的集群促进机构

德国的集群促进机构是介于市场和政府之间中立的“第三方”，这些机构原则上是非营利组织，在运营的不同阶段会得到政府不同比例的资金资助。集群促进机构多数是公司型组织，部分是联合会型组织，它们在产业集群的培育和发展过程中主要发挥精准服务集群内不同主体的纽带作用，以集群内企业的发展需求为中心，构建包括多元创新主体在内高度协作的网络化体系，旨在打通集群政策链、创新链、产业链和资金链，从而形成良好的集群推进机制和治理机构。以巴伐利亚州“机电一体化产业集群”为例，集群促进机构在协调集群内不同主体发展需求和相关利益的基础上，积极组织集群成员企业共同申报政府资助的集群项目，促进集群内不同企业间的交流和合作，推动产业链上下游企业优势互补协同发展，加强大学、科研机构与集群内企业间技术研发和协同创新。集群促进机构通过不同形式的活动和精准服务，将有合作关系和竞争关系的各方通过共同目标整合在一起，成为维系集群各方的重要纽带。

（三）欧盟先进制造业集群——集群间开放协作

欧盟十分重视先进制造业集群的发展，通过出台多项政策、战略规划及方针，积极推动集群的跨国协同合作。2006 年，欧盟成立欧洲产业集群联盟，2008 年欧盟首次确立建设世界级集群的战略目标，并于 2009 年提出“欧洲集群卓越计划”。2011 年，欧盟启动“欧盟地平线 2020”计划，特别设立 25 亿欧元支持中小企业产业集群创新发展。欧盟通过制定一系列产业集群相关的扶持政策和发展规划，积极促进各成员国产业集群领域的跨国协作和交流，从而加快培育出更多世界级先进制造业集群。2020 年欧盟委员会发布的《欧洲集群和产业变革全景》称，欧洲拥有 2900 个产业集群。

1. 设立集群观察站，促进信息共享和交互

为了推动产业集群的快速发展，欧盟通过设立集群观察站的方式，加大对产业集群的政策引导和支持。欧洲集群观察站是一个免费的在线

网站平台，主要为大学、科研机构、集群管理者、政策制定者等提供欧盟不同国家集群建设的信息资料、相关集群的比较分析以及政府关于集群发展的相关政策文件等，促进不同主体间以及欧盟不同国家间关于集群发展的信息共享和交互。集群观察站还提供持续更新且精准的欧洲集群地图，能够更为直观地展现集群的区域分布状况和产业发展活力，为集群的长远发展和政策制定提供重要的参考和依据。此外，欧盟建立了一套区域生态系统评价指标体系，通过不同区域内生态系统的对比，对不同区域集群发展的优势和劣势进行系统分析，进而对集群政策的实施效果和力度进行测试，从而为集群发展提供客观公正的评价标准。

2. 开展卓越集群评选，提升集群管理水平

2009 年，欧盟发起“卓越集群”倡议，设立专门的集群分析秘书处和“卓越集群”基金，组织行业领域相关专家、学者开展集群评选，建立了一套金标、银标、铜标集群的评价体系。其中，欧洲集群分析秘书处主要负责组织专家开展集群评选，已经认定了 101 个在集群管理实践上表现突出的金标集群、114 个正在迈向“卓越集群”管理水平的银标集群和 1079 个有意于改进集群管理的铜标集群。欧洲卓越集群基金会则负责向集群内的从业人员、技术人员以及相关专业人员提供集群管理方面的专项培训，通过相关培训课程学习的人员将会获得相应资质。

3. 搭建集群交流平台，深化产业集群开放合作

欧洲不同的产业集群均设有相应的集群组织负责对其进行具体的管理工作，集群组织也是集群的管理机构。为了推动欧洲不同产业集

群间的信息共享和交流合作，提升集群的国际竞争力和帮助更多的中小企业融入全球价值链，欧盟积极资助搭建集群合作平台，欧洲各地有将近 1000 个集群组织在该平台上注册，极大地促进了不同集群间的信息交流和深度合作。同时，借助各种国际或者欧盟组织的相关集群活动，欧洲集群合作平台开展了大量的国际性产业集群交流配对活动。一方面，集群活动使欧洲集群组织能够与其他地区集群组织建立联系；另一方面，集群活动也有利于推动不同集群组织间建立合作关系。

（四）英国先进制造业集群——全流程创新协同

英国是最早工业化的国家，产业集群经过了一个世纪的发展，具备良好的产业基础，产业链条相对完整，产业集群结构日益优化。为推动产业集群发展，英国政府在 1999 年制定“集群行动计划”，以明确各个地区在集群建设和发展中的任务，进而加快推动产业集群的形成。2021 年，英国政府发布《英国创新战略：创造引领未来》，明确提出“通过基金支持更多创新集群建设”，加快推动制造业创新集群的发展。

1. 确定集群投资重点，建立制造业能力标准

英国在先进制造业集群的培育和发展过程中，以产业研发强度和制造能力为标准，加大对集群产业重点领域的投资。一是将研发强度和增长率作为判断集群产业未来发展潜力的重要标准，这能够保证英国高科技产业、高增长率产业成为未来产业投资的重点。具体来说，先通过将不同产业按照研发强度和增长率由小到大、由低到高进行排序，重

点选择研发强度大或者增长率高的企业，并将其作为未来产业布局的重点领域。二是构建“制造业能力”标准，将其作为未来产业布局和投资的重要依据。英国较重视制造业创新活动的“能力”，这是开展科技研发、技术创新活动的必要条件，并在实践中逐渐形成包括五大领域22项“制造业能力”的标准体系，最后将不同产业的能力标准作为未来投资的参考依据。

2. 发挥社会中介组织作用，加强信息交流与合作

社会中介组织作为英国政府与企业之间进行沟通交流的重要渠道，对产业集群的发展起着不可或缺的作用。社会中介组织成立前期受到政府的财政支持和资助，后期则主要通过自主经营的方式维持其自身发展。社会中介组织具有非营利性，大多为非政府管理机构，是实行公司制的企业主体。例如，英国商业孵化协会主要负责管理全国范围内的孵化器，对孵化器的基本情况、发展阶段、孵化绩效等内容进行评估。英国国家商会由56个地方商会组成，国家商会负责推动英国政府与其他国家的贸易合作，代表各地方商会利益与相关政府部门积极游说和沟通协调，地方商会则主要直接与企业进行对接和合作。国家商会主要向集群内成员企业提供培训服务、政策咨询服务、国际合作贸易服务、信息服务等，促进信息共享交流，加强沟通合作。

3. 设立“弹射中心”，加大对产业集群支持力度

为培育和发展先进制造业集群，英国政府出资1.4亿英镑设立“高价值制造弹射中心”，共包括格拉斯哥的先进成型研究中心、设菲尔德的先进制造研究中心、塞奇菲尔德的流程创新中心、安斯蒂的再

制造技术中心等 7 个分中心，试图通过高价值制造引领和推动先进制造业发展。弹射中心的职能是通过推动科学家、工程师和市场之间的协同，实现从基础研究到应用研发，再到商业化的一体化过程，进而促进研发和科技成果产业化，打造与制造业紧密结合的创新体系。自成立以来，“高价值制造弹射中心”每年与 3000 多家企业开展合作，已累计产生 6.5 亿英镑的收益，有效推动了一系列应用技术的转化与推广。

（五）日本先进制造业集群——精准长效的集群政策

日本政府比较重视制造业集群的规划和部署，20 世纪 50 年代就制定了较为完善的促进产业集群发展的相关政策和规划文件。为了进一步推动先进制造业集群的发展，2001 年日本政府又出台了“产业集群计划”和“知识集群计划”，之后又出台“城市区计划”。随着第四次工业革命的到来，日本逐渐将产业集群的重点集中在新能源、电子信息、智能机器人、生物医药、下一代汽车等战略性新兴产业领域，致力于在新一轮科技革命中抢占全球领先地位。

1. 建立集群政策的精准长效机制

日本在先进制造业集群培育和发展过程中更加重视集群政策的延续性与演变性，先后实施“产业集群计划”、“知识集群计划”和“城市区计划”等 3 个产业集群发展战略，不断完善产业集群发展的政策体系和配套措施，为产业集群的长远发展提供制度保障。其中，“产业集群计划”的时间跨度长达 20 年，2001—2005 年为集群启动期，在启动期集群的重点任务是建立政产学合作网络；2006—2010 年为集群成长期，在成长期集群重点推进新产品研发与产业化；2011—2020 年为集群发展期，在发展期集群逐步减少政府财政扶持，不断提高集群效益，并逐渐形成集群自主且可持续发展的能力。通过产业集群计划的实施，共培育和推动形成了 18 个产业集群，有 1 万多家企业参与，涉及设备制造、电子器件、产品开发、环境保护等多个新兴领域。

2. 促进跨部门协同参与集群建设

产业集群的建设和推进仅仅依靠单一部门或者单一行业往往是行不通的，日本政府在产业集群发展过程中非常重视跨部门的协同推动作用。日本集群发展战略主要由经济产业省和文部科学省两个部门负责，两个部门分工明确、优势互补、相互协作，共同推动集群的建设和发展。2011 年，由日本经济产业省和文部科学省联合开展创新集群的升级行动，以科技创新推动产业集群优化升级，并建立区域集群促进联合会和集群会商协调机制。日本产业集群的跨部门协同推进机制，一方面能够整合优势资源，消除不同部门间存在的壁垒；另一方面能够有效凝聚不同部门协同参与的系统合力，加快推动产业集群的快速发展。

3. 建立政产学研用合作创新机制

日本政府在集群培育和发展过程中，十分重视政产学研用合作创新体系的建设。通过设立集群计划推进机构，建立与研发部门、金融中介、技术转移机构、市场推广部门以及地方经济部门之间的关系网络，充分发挥企业、大学、科研机构、政府、产业联盟、用户等主体在产业集群培育和发展过程中的作用，进而构建政产学研用合作创新机制。政产学研用创新体系不仅能够促进集群创新要素的共享和流动，提高集群创新效率，而且能够降低技术研发成本，缩短产品研发周期，加快技术进步和成果转化进程。

（六）韩国先进制造业集群——研究型公司驱动

作为全球经济的后起之秀，韩国也十分重视产业集群的规划和培育。2004 年，韩国政府启动了 7 个产业集群发展示范项目，积极推动国内产业集群的培育和发展。2007 年，韩国产业集群示范项目增至 12 个，逐渐形成了以电子信息产业为核心的产业集群分布格局。2010 年，韩国政府出台“广域集群计划”，将原有的产业集群整合为以信息技术、医疗设备制造、机械制造等领域为主的 7 个先进制造业广域集群，以提高全国产业集群的质量和附加值。

1. 建立以微集群为基本单位的集群管理体系

韩国在先进制造业集群培育和发展过程中形成了以微集群为基本单位的集群管理体系。微集群是基于集群内不同企业在特定行业领域发展中遇到的共性问题为基础，强调以企业为主体，同时联合大学、科研机构、行业协会以及其他相关机构组成该领域的特别兴趣小组。建立以微集群为基本单位的集群管理体系，不仅能够加强对集群产业发展过程中面临共性难题的科研攻关，促进科技成果转化，提高技术创新效率，而且对韩国制造业集群发展也起到至关重要的促进作用。

2. 实施分阶段差异化的产业集群管理策略

先进制造业集群在不同的发展阶段具有不同的特征，根据不同的阶段制定相对应的集群发展策略是培育和发展集群的关键所在。韩国政府在先进制造业集群的不同发展阶段，根据集群的实际情况采取了差异化的集群管理策略。2007 年之前，韩国政府制定了明确的集群发展规划和政策措施，以商业开发模式刺激大量企业在集群内投资设厂和集中落户。2008—2009 年，韩国政府加强对集群建设的规范和管理，集群机构专门负责开展集群的建设和管理，推进集群整合管理并将之推向全国。2009 年以后，经过第二阶段集群系统管理，韩国先进制造业集群格局逐渐形成，集群管理策略的重点则过渡到提升集群国家竞争力的目标上。

3. 培育连接科研与市场的研究型公司

在创新集群的培育和发展过程中，韩国大德创新特区催生了一种集“技术研发—产品商业化”所有节点于一体的独特商业模式——研究型公司。研究型公司在集群内创办企业，并将其 20% 以上的资金用于公共研发机构新技术的产业化。研究型公司在韩国大德创新特区的先进技术产业化过程中发挥着至关重要的作用，能够丰富集群内原有的产学研合作模式，使大学、研究机构与企业之间能够形成以创新为导向的合作网络，加快新技术的落地与推广，使其形成科技研发、市场运营、产品转化、规模应用一体化的生态机制。

二、世界级产业集群典型案例分析

为深入分析世界级产业集群的培育机制和形成机理，本节选取美国、德国、日本等发达经济体的代表性产业集群作为典型案例。其中，美国硅谷高科技产业集群、德国阿德勒斯霍夫科技园是全球范围内具有代表性的高技术产业集群，也是世界级产业集群培育成功的案例，日本丰田汽车产业集群为世界级先进制造业集群培育成功的案例，而美国底特律汽车产业集群则为世界级先进制造业集群衰败的案例。

（一）美国硅谷高科技产业集群

美国产业集群发展以市场需求为导向，依赖产业与市场的互动不断强化集群的内生驱动力，提高集群自身竞争力。美国产业集群发展过程中，产业布局与集群所处区位及资源优势相耦合，企业间形成的网络组织在集群形成和演化过程中发挥了主导作用。政府提供积极有效的政策支持和公共服务，促进产学研协同创新。

美国硅谷聚集了上万家高科技公司，是全球范围内具有创造性的高科技产业集群。美国硅谷的成功在于集群内部特有的模块化产业组织形成的硅谷创新文化环境以及低成本技术扩散的动力机制。美国硅谷高科技产业集群的特点主要表现如下。第一，拥有一流的科技人才队伍。美国硅谷的斯坦福大学、加州大学伯克利分校等世界一流高校带来了浓厚的学术氛围、卓越的人才团队和强大的技术开发能力。第二，人才引进激励机制。美国实行绿卡制吸引全球高科技人才。第三，企业与各类机构之间有效整合创新要素资源。通过产业联盟推动大学、科研机构与企业之间进行合作；硅谷提供了教育程度高且训练有素的创新科技人才队伍；完善的技术转让机构、行业协会等为整合创新要素资源提供了组织保障。第四，风险投资的支持。全球风险基金近 50% 设在硅谷，良好的融资环境促成了硅谷较高的技术转化率。

第五，硅谷激情的社会文化。硅谷特有的“勇于冒险、宽容失败、崇尚竞争、乐于合作、容忍跳槽、鼓励裂变”的社会文化环境和“大学、研究机构、企业、政府和中介机构”组成的区域创新网络，造就了世界闻名的硅谷。

1. 产业集群基本情况

（1）质量规模。硅谷拥有全球最大、最密集、最具创造性的高科技产业集群。硅谷是美国电子通信产业的发源地，袖珍计算器、电子游戏机、PC 机、无线电话、微处理器均诞生于此。硅谷也是美国信息产业的孕育地，全球 100 家最大的信息和软件公司中有 20% 在硅谷。目前，硅谷拥有 1 万家左右高科技企业，电子信息类公司达 4000 多家，每年销售额超过 4000 亿美元，占美国全国同类产品销售总额的 40%。1965 年以来，美国前 500 家成长最快的公司中有 10% 在硅谷。早在 1997 年，硅谷的企业市值就超过 4500 亿美元，成为美国经济新的发动机。1998 年，硅谷实现 GDP 约 2400 亿美元，占美国 GDP 的 3%。硅谷至今仍保持着快速发展的势头，每年净增约 200 家新公司。

按时间来看，2021 年 6 月，在近 1 万家高科技公司中，服务类公司数量最多，达到 5425 家，另有技术设备公司 2780 家、技术部件公司 813 家、分销公司 1461 家、材料公司 306 家。按地点来看，硅谷的公司中有 7380 家总部设在硅谷，占全部公司的 80%。上述公司构成了硅谷的高技术产业集群。

（2）核心企业。硅谷以高新技术中小公司群为基础，同时拥有谷歌、脸谱、惠普、英特尔、苹果、思科、英伟达、甲骨文、特斯拉、雅虎等大公司，融科学、技术、生产于一体。谷歌公司被公认为全球最大的搜索引擎公司，其业务包括互联网搜索、云计算、广告技术等，同时开发并提供大量基于互联网的产品与服务。苹果是美国高科技公司，2021 财年营收达到 3658 亿美元，现阶段的业务包括设计、研发、手机通信和销售消费电子、计算机软件、在线服务和个人计算机等。脸谱被认为是世界上最初始社交网络公司，截至 2022 年 4 月，脸谱活跃用户数达到了 29.36 亿。惠普主要研发、生产和销售笔记本电脑、一体机、台式机、平板电脑、智能手机、移动网络、扫描仪、打印与耗材、投影机、数字产品、电脑周边、智能电视和服务产品。英特尔则为全球第二大半导体公司，也是全球首家推出 x86 架构中央处理器的公司。

（3）核心技术。硅谷一直是加州乃至美国创新最为活跃的地区。从专利注册数量上来看，从 2009 年到 2020 年，硅谷每年的专利注册数量均保持增长态势，2020 年高达 21770 件。中小企业和独角兽企业在其中发挥了重要作用。2021 年，硅谷新成立的初创公司有 226 家，估值超 10 亿美元的独角兽企业达到 213 家，其核心技术涉及芯片、人工智能、云计算、物联网、生物科技、新能源、新材料、新制造等多个前沿领域。中小企业通过持续的创新和高速发展，不断推动着硅谷技术进步的步伐。同时，独角兽企业也吸引了大量优质人才的流入以及投资机构的投资和支持，推动了硅谷的技术进步和科技发展。

（4）发展趋势。硅谷紧跟全球创新和发展的最新趋势，不断扩大和强化优势领域，这对于保持硅谷的长期发展优势非常关键。低碳发展已成为 21 世纪最重要的发展方向之一，硅谷对低碳领域的专注也不断增强，主要体现为提高现有能源利用效率和扩大清洁能源投资两方面。在提升现有能源利用效率方面，硅谷的重点是提升单位用电的产出。近年来，硅谷和旧金山每兆瓦的 GDP 产出高于加州平均水平。同时，硅谷投资清洁技术的积极性非常高，近年来，硅谷和旧金山的清洁技术风投占加州和美国的比例分别从 49% 和 13% 左右增至 80% 和 53% 左右。其中，硅谷所占比例在绝大多数年份远高于旧金山。

2. 产业集群的培育与发展

（1）政策支持。美国自身在发展高科技产业时采取了政府采购、资金支持等多种产业支持政策。一是在技术发展之初，美国政府既是技术发展的提出者，又是资金提供与产品采购者，大量政府采购和税收优惠对技术发展和商业化落地影响重大。二是在特殊时期会采取非常规贸易和外交手段对本土产业进行保护。日美贸易战期间，当美国政府认定半导体产业事关国家安全之后，以关税、外交等多种手段遏制日本半导体产业发展。当前，半导体产业和技术进入相对成熟期，美国政府仍继续通过大规模战略部署、资金支持等手段对本土产业进行支持和保护。2020 年以来，美国相关行业协会和政府相继发布《半导体十年计划》《2021 年美国创新与竞争法案》《美国芯片法案》等产业规划方案，通过紧急拨款、投资税收优惠等方式促进半导体及相关设备的研发和生产。

（2）核心产业发展。硅谷是美国乃至世界的科技创新中心。20 世纪 50 年代以来，硅谷已经孕育了惠普、英特尔、甲骨文、苹果、雅虎、谷歌、特斯拉等高科技企业。“2021 硅谷指数”报告指出：2020 年硅谷地区风险投资继续创纪录，总规模达 264 亿美元。美国 1/4 的“独角兽”公司（市值在 10 亿美元以上）和 2/3 的“十角兽”公司（市值在 100 亿美元以上）总部位于硅谷。硅谷在美国的专利注册份额占比持续增加，从 1990 年的 4% 上升到 2020 年的 13% 以上，新注册专利总数再创新高。硅谷总人口约 310 万，提供 155 万个就业岗位，人均年收入达 15.2 万美元，较 2017 年硅谷人均收入增加 5 万美元，大幅高于美国人均水平。作为以“硅”享誉全球的地区，硅谷的最显著特征就是信息通信技术（ICT）及产业全球领先。从就业结构看，计算机硬件设计与制造、半导体与相关设备制造、网络和信息服务、软件、通信制造与服务、导航、测量与电子医疗设备制造、IT维修服务等ICT从业人口占20%，若加上相关的服务业，则从业人口占比更高。从专利构成看，计算机、数据处理与信息存储及通信行业专利一直是“硅谷之最”。从风投结构看，软件、网络与设备、通信、IT服务、半导体、计算机及周边设备等领域的风投比例长年占到50%以上，而且硅谷前十大风投企业中有8家所处领域是软件、计算机及周边设备。

（3）人才培育。硅谷是美国著名高校最为集中的地区之一，在整个湾区及周边地区，分布着包括斯坦福大学、加州大学伯克利分校、加州大学旧金山分校、加州大学戴维斯分校、加州大学圣克鲁兹分校、加州大学奥克兰分校、圣何塞州立大学、旧金山州立大学、东湾州立大学等著名高校在内的60多所各具特色的大学，旧金山聚集了1000个美国科学院院士、30多个诺贝尔奖获得者，为硅谷的创新创业源源不断地提供新思想、新创意、新技术和大量创新人才，成为硅谷的创新源头。此外，硅谷还有5所加利福尼亚的州立大学和社区大学，近10所专科学校和几十所技工学校以及施乐公司PALOALTO研究中心、美国国家航空航天局、洛克希德研究中心、IBM研发中心等私营和国营研究机构。正是周围集聚的优秀大学、科研机构，为硅谷注入顶尖智力的活力，它们是硅谷创新的引擎。此外，高素质的科技人员是硅谷发展的坚实基础。

（4）产学研合作。斯坦福大学、加州大学伯克利分校等一流学府所孕育的学术研究风气和技术开发能力对美国硅谷产生了深远影响。这两所大学每年毕业的博士达到 1600 人，是麻省理工学院的两倍。除了大量供应一流的工程师以外，斯坦福大学、加州大学伯克利分校还是半导体、计算机和机电一体化等科学领域中重要的研究中心。硅谷地区 70% 的企业总收入来自斯坦福大学的毕业生和教授创办的惠普、思科、雅虎等知名高科技公司。以大学为依托，硅谷创新集群孕育形成了多主体反馈、互联、协同的创新创业生态系统，具体体现在两个方面。第一，硅谷拥有高度发达、形式多样的科技服务主体。包括负责制定政策法规、营造科技服务业制度环境、保障科技创新主体利益的联邦政府；在塑造技术轨迹和基础科学方面广泛发挥作用的地方政府；在“开放式创新”和“知识产权保护”之间实现良好平衡的企业集群；以斯坦福大学、加州大学伯克利分校等为首的全球顶级大学和科研机构；以律师事务所、会计师事务所为代表的多层次、多样化的科技服务中介机构。第二，硅谷形成了非常有利于创业公司和科技服务业发展的创新生态网络。在这种网络中，大企业和中小企业共生，大企业引领科技创新，影响行业前沿的关键理论问题能够得到大学的及时反馈，大学科技成果转化途径多样并有法律保障，各种专业化技术转移中心、风险投资评估机构为企业提供技术知识和客户资源筛选，发达的市场、高度流动的人力资源池以及接受失败的文化为硅谷创新集群发展营造了丰沃的土壤。

3. 经验与启示

（1）完善中小企业创新支持政策。硅谷创新集群的发展离不开国家级科技服务机构的推动，美国国家层面的科技服务机构有国家技术转移中心（NTTC）和联邦实验室技术转让联合体（FLC）。在科技信息传播和技术标准制定方面，美国成立了国家技术信息服务中心（NTIS）和国家技术标准研究院（NIST）。国家技术转移中心将美国工业与联邦实验室、大学联系起来，为全国范围内的联邦机构和其他客户提供技术商业化开发服务、咨询和培训等。硅谷的经验是，在制定产业政策时，要加强促进小企业技术转移、技术创新、风险融资等的立法建设，通过完整的法律加强知识产权保护，维护小企业创新利益；建立负责和协调中小企业创新的专门机构和地区网络，为中小企业提供全方位、一站式援助和服务。

（2）创新政产学研协同创新机制。硅谷在大学与企业之间开展多层次的合作，一方面给予了大学教职人员在创业、兼职、咨询方面更大的自主权；另一方面给学生创造更好的学习、创业和交流环境，形成了良好的创新氛围。硅谷的经验是，发展产业集群要推进高校、科研机构与企业进行形式多样的交流合作，支持大学设立专门的技术转移机构，鼓励校企共建研发中心，完善大学对行业支持的绩效考核；发展多层次的科技中介服务体系，完善风险投资市场，构建政府、社会资本等多元主体共同参与的创新资本体系。

（3）探索产业集群科技服务发展模式，构建产业集群创新生态支撑系统。硅谷的经验是，发展产业集群要根据不同城市群的科技服务需求与科技资源特征、产业集群生态链结构和行为主体互动合作方式，探索科技服务业与产业集群融合协同的模式。例如，基于“互联网+”，建立服务重点产业集群的综合科技服务云平台，通过众创、众筹、众扶、云服务、线上线下结合等方式聚集科技资源，促进产业集群业务流程融合、产业集群生态链行为主体协同；同时，要进一步探索构建以知识机构为核心的技术创新链，以项目团队和科技服务平台机构为核心的科技服务链，以产业技术创新战略联盟为核心的产业协作链，以政府部门和高新区管理部门为核心的政府支持链。

（二）德国阿德勒斯霍夫科技园

在发展产业集群方面，德国注重发挥政府指导作用，完善国家集群战略，建立信息分享平台，对集群进行评估与监测，组建中立高效的“第三方”机构，构建网络化服务体系。阿德勒斯霍夫科技园是德国具有代表性的产业集群，德国政府的支持主要包括以下几个方面。第一，中小企业政策支持。德国政府推出了一系列的创新计划，增强中小企业创新能力。同时设立了创新基金，缓解中小企业自有研发资金不足的问题。德国政府对中小企业的扶持政策对集群的发展产生了巨大的推动作用。第二，形成特有的产业集聚政策。德国不像美国企业那样把价值链较低端的部分放在国外生产，而是推动自身产业链上下游一起发展，形成完整的产业系统。第三，政产学研相结合的政策。政府推动大学、科研机构和企业相结合，加速了创新成果运用于实践，同时加大支持中介机构，发挥其纽带作用，有效促进成果转化。第四，金融优惠保障措施。德国长期坚守稳定的金融外部环境，稳健的货币政策、严格的金融监管体系、资本市场的低回报率，保证了资本投向实体经济。第五，“双轨制”教育体系。德国教育体系实行校企合作的“双轨制”，为德国输送了大量技术精湛的工程师，从而形成了德国特有的“工匠精神”和“工程师精神”，造就了德国制造始终坚持精细化、高品质路线。

德国阿德勒斯霍夫科技园以科技、经济和媒体为发展重点，是德国最成功的高科技产业园区之一，也是全球最大的 15 个工业园区之一，同时也是欧洲最现代化的科技园和欧洲最大的综合性一体化技术园区。

1. 产业集群基本情况

阿德勒斯霍夫科技园始建于 1991 年，位于德国首都柏林东南部，占地面积4.2平方千米，拥有5个高科技中心以及媒体城、住宅区、商业区以及公园等配套设施，形成了“科技城、高教城、传媒城、创业城、柏林州未来城”五“城”联动的有机生长模式。阿德勒斯霍夫科技园已经形成涵盖基础研究、概念与原型开发、产品设计、实验验证以及市场推广等完整的产学研链条。阿德勒斯霍夫科技园非常注重园区的科研工作，有超过1.5万人在1000个商务、研究和学术机构工作，是欧洲处于领先地位的技术创新中心，科研集群和人才循环体系助力园区实现快速崛起。

阿德勒斯霍夫科技园区的企业和校外科研机构主要集中于4个技术领域。一是光学技术。园区内的相关企业和研究机构承担了一项由联邦教研部拟定的光学技术发展项目，项目重点是要加快光学科研成果的产业化进程。二是材料和微系统技术。园区内实力较强的科研机构，如柏林电子存储协会和柏林晶体培育所等，为企业提供更为便利的研发条件。为促进产业和科研的良好结合，园区内成立了一个由6家研究机构联合组成的微系统技术中心，为企业提供包括产品研发、组装和测试在内的技术支持。三是信息和媒体技术。弗劳恩霍夫存储技术研究所、柏林洪堡大学信息与数学研究所等校外研究机构和实力雄厚的大学为该领域的发展提供了良好的研发条件。此外，园区内“实用信息促进学会”可对相关中小企业的研发和培训进行指导和帮助。四是环境、生物和能源技术。园区内拥有包括莱布尼茨催化研究所、联邦材料研究与监测局、分解学研究所和柏林洪堡大学化学研究所等著名科研机构。

2. 产业集群培育与发展

（1）产业结构丰富、重点突出。不同于普通工业园，阿德勒斯霍夫科技园区实行了“大园区”战略，形成了科研和产业相结合的高科技园区。产业重点也不仅是高技术企业，除占企业总数约60%高科技企业外，园区还积极发展传媒产业，传媒企业数量达到120余家。

（2）园区软、硬件条件好，交通便利。1990年以来，园区建筑和基础设施进行了重建和翻新，包括一系列住宅区、商场、酒店、幼儿园、医院、交通轨道线高尔夫球场和公园。园区邻近德国“柏林—勃兰登堡—首都国际机场”交通轨道线，随着配套设施的逐渐完善，从市中心的柏林火车总站到园区的轨道交通只需15分钟。

（3）园区的科研机构实力雄厚，自主创新能力强，合作研发互动密切。园区的科研历史可以追溯到20世纪30年代成立的德国航空试验研究所。目前，包括洪堡大学的一系列科研机构和一些知名的校外科研单位都在园区内开展科研工作。在缩短产研距离的同时，这也为企业创造了良好的研发和创新环境，便于为企业技术人员进行培训。为了实现科研成果的共享，共同推进科研成果产业化，园区内12家校外科研机构于1992年联合组成了阿德勒斯霍夫校外科研机构创新联合社。

（4）园区由专业公司进行管理，并设有不同类型的创业公司，为企业落户提供全方位的帮助和咨询。WISTA管理公司是阿德勒斯霍夫科技园的开发与经营商，创新和创业中心（IGZ）和国际创业中心（OWZ）为企业的创建提供一系列支持和服务。IGZ成立于1991年，主要为企业创立人以及新成立的创新型和技术型企业提供包括咨询、基础设施和租房等在内的服务。OWZ于1997年成立，其服务对象是来自全球（主要是中东欧）计划在柏林投资和发展的企业，服务内容包括为企业牵线搭桥和协助开辟新市场以及有关企业审批和登记注册咨询等。与IGZ和OWZ密切相关的是柏林创新中心管理有限公司IZBM，它既是IGZ和OWZ的经营机构，又是“柏林伙伴有限公司”的子公司。

3. 启示和经验

（1）政府的积极支持和引导规划。德国阿德勒斯霍夫科技园由柏林州联邦政府控股的科技园开发集团——WISTA公司进行统一规划和运营管理，并设立多种优惠政策，自上而下地推动科技园建设和发展。第一，通过设立优惠与扶持政策，吸引企业入驻。联邦政府和柏林市政府不直接参与园区投资，但提供了一些优惠与扶持政策。例如，允许开发商通过租赁或出售土地来招揽投资者或创业者。同时，向企业提供各类优惠及资助项目，吸引企业入驻。第二，对于初次入驻的企业，提供“欢迎礼包”。初次入驻阿德勒斯霍夫科技园的外地企业，可享受为期3个月的试运营“欢迎礼包”，包含办公室（20平方米，含家具和网络等办公用品）、公寓（45平方米，含家具）、柏林公共交通卡以及法律、税收、财政等方面的咨询服务，企业只需支付2300欧元。第三，入驻企业可以申请德国政府或欧盟的资助项目。如柏林未来基金重点扶持生产技术、材料和建筑技术、医药和生物技术、光学和光纤技术、信息和通信技术、环保和能源技术以及交通技术等领域的中小企业。第四，政府对阿德勒斯霍夫科技园的空间布局进行科学规划。阿德勒斯霍夫科技园已形成产业、生活相融合的十大功能组团，科技园区整体规划有序、布局合理，遵循节能环保、有机绿色理念，研发、培训、生产和服务紧密融合，互相渗透，形成了一座开放式的现代化科技园区。

（2）产学研深度融合与良性互动。科研与产业高度结合，自主创新能力强。阿德勒斯霍夫科技园区内鼓励和支持园内学校、科研机构与企业之间的互动和联系，构建强劲的“产—学—研”产业链条。园区内的大学和科研机构往往是企业最早的孵化器，几乎所有大学及科研机构在企业生产车间内都设有实验室，科研人员与工程师形成研发团队，共同攻关，实验室的新技术可迅速在生产线上检验应用，大大提高了技术的转化效率。企业充分利用大学的智力资源，推动大学的科技成果转化为生产力并投入市场。同时，大学又从企业了解市场的需求，从而指导大学的研究方向，双向的技术转移极大地推动了新技术的产业化。另外，科技园区设立了多个孵化器、技术中心等，形成内生性科技创新生态。如洪堡大学的化学研究所、计算机科学研究所、数学研究所、物理研究所、心理研究所和地理研究所等六大研究机构都在阿德勒斯霍夫科技园内，为科技园的发展提供了强劲动力。

（3）产业结构多元，配套设施齐全。阿德勒斯霍夫科技园摒弃了传统工业园发展的“上向下向”联系互动服务，以节约成本、提高效益的观念实施多元化发展战略，重点发展高新科技、文化传媒和服务经济等产业，主导产业包括光学技术、可再生能源、微系统和材料、信息和传媒、生物和环境等。园区产业结构推行“科技产业 + 传媒产业 + 广告服务”的一体化战略，现有高科技企业 400 多家、传媒企业 120 家左右。

目前，阿德勒斯霍夫科技园已发展成为融科技、广告、生活、公园于一体的生产、服务和生活综合之城，园区内综合配套设施齐全，生活便利，交通便捷，软硬件服务协同发展。

（三）日本丰田汽车产业集群

日本发展产业集群注重政府精准有效推动，阶段性目标和方案明确，发挥长效机制的作用，发展科技中介组织，推进人才及创新机构的培育和引进，构建产业集群的政产学研合作创新机制。

日本丰田汽车产业集群以丰田公司为核心，下设大量的承包企业，集群内企业之间形成长期合作关系。丰田公司是集群网络的核心企业，承包企业为丰田公司生产非核心零部件。第一，产业集团式的组织构架。整个网络的组织形态就像一家企业集团，是以垂直一体化分工为主的生产模式。第二，企业之间柔性与动态变化的关系。网络内企业关系是相互竞争与合作，呈现出柔性、动态变化的网络关系，核心企业的发展离不开承包企业及其他机构的支持与帮助，核心企业的发展又可以带动网络内其他企业和机构相互促进和协调发展。第三，独特的网络内组织之间的信赖关系。丰田公司商业理念、文化在整个网络中贯彻实行，保证了外包制和柔性生产系统的完美结合。第四，知识共享与转移方式。丰田汽车产业集群核心企业给承包企业提供雇员培训和实习，使他们获取显性知识，承包企业之间经常展开自主学习及问题解决学习以获取隐性知识。第五，丰田企业文化通过这种知识转化机制，加之丰田汽车产业群以“忠诚、信任、亲和”为核心价值的独特地方文化，让集群中的知识得到有效共享与转移。

1. 产业集群基本情况

在全球范围内，丰田在 2003 年已取代福特成为第二大汽车生产商，也是日本企业中第一个利润超过 1 万亿日元的企业。2004 年，丰田成为亚洲市值最大的公司。2016 年，丰田在世界 500 强企业中排名第八。

2023年1月，丰田汽车发布报告，2022年丰田在全球销售1048.3万辆汽车。至此，丰田汽车的销量已经连续3年位居全球第一。丰田之所以能取得上述成就，得益于丰田汽车产业集群。

2. 产业集群培育与发展

（1）核心企业的主导作用。日本丰田汽车城是世界著名的汽车产业集群之一，形成了创新网络的发展模式。丰田汽车公司是创新网络的核心节点，能够对其他节点和整个创新网络产生重要影响，大量中小企业作为创新网络的节点聚集在它的周围。丰田汽车公司自1937年开始生产汽车，经过半个世纪的努力，跻身世界知名汽车企业行列。第二次世界大战之后的20世纪50年代，日本经济陷入困境，国内存在大规模劳资纠纷，同时面临石油危机、日元大幅升值、日美贸易摩擦不断等问题，对丰田汽车公司的发展形成较大冲击。凭借独特的企业战略、管理方式、销售策略及科学的管理手段，丰田汽车公司快速从一家小规模汽车生产厂成长壮大为日本最大的汽车集团。丰田汽车公司在成长壮大过程中形成了一种核心能力：创造可共享的商业理念，选择合适的伙伴，积极开拓市场，倡导信任和合作精神。这种核心能力的形成，有利于吸引中小企业向其靠拢，与其合作。并且丰田汽车公司所倡导的理念、文化也得以在中小企业中贯彻实行，从而在企业间建立一种共同体关系，大大推动了集群的发展壮大。

（2）本地化网络联系。丰田汽车产业本地化联系包括两个层面：一是产业组织层面的联系；二是地域层面的联系。丰田汽车产业组织联系主要是围绕独特的下承包制展开的。下承包制就是大企业与中小企业以垂直型分工为依托建立起带有组织因素的非经典交易联系。它的基本形式是金字塔形的等级机构，大企业处在塔顶，零散的中小企业为底，依据企业规模和经营能力分成若干等级层次，层次之间的企业关系是承包关系。围绕这种下承包制，企业之间既相互竞争又相互依赖，既有贸易关系又有非贸易关系，既进行正式交流又进行非正式交流，从而形成一个紧密的合作网络。另外，丰田汽车产业还能在地域上集聚，而丰田汽车城因为同类企业的集聚而闻名。在丰田汽车产业不断发展过程中，丰田汽车公司作为核心企业的集聚效应使越来越多的零部件专业生产商向这里靠拢。

（3）丰田汽车产业经济活动的社会根植性。产业集群的发展，不仅取决于经济因素本身，而且取决于社会和文化因素。丰田汽车产业集群的社会根植形成原因如下。在丰田市有一个由 14 个企业组成的丰田集团，它以丰田汽车公司为核心，集团内的企业大都从事零部件、钢铁、工作母机、纺织机、纤维、家庭用品等生产活动。丰田家庭成员分支遍布整个丰田集团，覆盖了纺织、汽车及与汽车相关的行业。这种特定的人缘、地缘、血缘关系的存在，使产业集群内容易建立一套共同遵守的行为规范。在成文或不成文的规范指导下，企业内相互信任程度很高，从而降低市场交易成本，使企业间贸易与非贸易、正式与非正式联系加强，这种联系的加强反过来又使集群相互信任的社会网络得到巩固。集群内有独特的地方文化特质：忠诚、信任、亲和。基于这种文化特质所形成的社会根植性是一切竞争之源，难以被他人模仿。

3. 启示和经验

丰田汽车产业取得的成功，在很大程度上依赖于其产业集群所带来的集聚效应以及集群内形成的创新机制。

（1）积极引进区内竞争机制。在丰田汽车产业集群内，企业间地理位置的邻近性产生了很大的竞争压力，最终竞争压力转化为创新动力，使集群得到健康发展。由此可见，竞争机制是集群持续、健康发展的动力机制。对于我国汽车产业和集群培育而言，有必要加快国有企业战略性调整的步伐和改革力度，吸引更多发展潜力大、创新能力强、竞争力突出的相关企业进入汽车行业，形成充满活力的汽车产业集群微观主体。此外，政府也要制定政策和营造环境，为创新要素聚集和企业家协作提供保障。

（2）强化企业间的专业化分工。日本丰田采用下承包制组织方式进行生产，有利于公司剥离非核心业务，集中力量提高核心竞争力，强化了集群内企业间的专业化分工，加快了集群的发展。而我国一些传统汽车集团仍然在大而全、小而全的状态下开展创新活动和生产活动，这种垂直一体化产业组织方式不仅致使企业丧失了对市场的灵活适应性，又致使企业增加了过重的负担。因而，我国有必要借鉴丰田的下承包制等产业组织方式，尽快打破“大而全”的旧约束，把集团内重要的零部件企业组成独立的汽车零部件公司并推向市场，逐步建立起“金字塔”式的产业组织体系。

（3）吸引中介组织积极参与。中介组织是企业间横向联系以及企业与政府纵向联系的结合点，是具有长期行为的企业寻求利益共同点和实现政府、企业良性互动的必要保障。可通过中介组织把企业紧密结合起来，从而强化联合行动效应，逐渐形成企业网络。因而，一方面，企业之间应根据需求积极组建各种行业协会，并使行业协会真正做到为当地企业提供优质服务；另一方面，地方政府要积极结合集群培育、企业发展出台各种政策措施，使其他中介组织积极为企业提供服务，从而发挥中介组织的桥梁作用，强化企业间网络联系。

（4）积极培育本地文化。培育本地文化既利于区内衍生企业形成与发展，又利于增强该区域的吸引力，还能促进区内企业间频繁交往，便于知识、技术、信息自由流动，从而使区内企业创新能力提高。日本的传统文化孕育了丰田汽车产业集群的本地文化，我国应以中华民族的传统文化培养本地产业集群文化。同时，我国还应结合集群培育的新形势，培养出这样一种文化：生产方式专业化、鼓励人才流动、敢于冒险、善待失败、忠实坦诚、相互信任与合作。

（四）美国底特律汽车产业集群

作为汽车产业集群的典型代表，底特律曾经是美国乃至世界的汽车制造中心。到 21 世纪初，美国底特律汽车产业集群开始日渐衰落，成为先进制造业集群衰败的典型案例。

1. 产业集群基本情况

底特律地处美国密歇根州东南部，位于底特律河西岸，东临圣克莱尔湖，与加拿大汽车城温莎隔河相望。底特律拥有通用、福特、克莱斯勒三大汽车制造业巨头，相关生产企业围绕这三大汽车制造业巨头而迅速发展，提供专业服务的零件制造、金融服务及汽车维修等企业也在该地区大量集聚。1825 年，伊利运河的开通使底特律真正地开始走向繁荣。到 20 世纪 30 年代，底特律发展成为五大湖区仅次于芝加哥的第二大工业城市，人口超过 100 万。20 世纪 60 年代初，底特律进入发展巅峰期，成为全球最大的汽车制造业中心。它所生产的汽车占美国汽车销售量的 90% 以上，常住人口数达到了 185 万，汽车工人迅速成为一个庞大的中等收入阶层。1967 年以后，以社会冲突为导火索，数次经济波动的影响致使底特律逐步走向衰落。2005 年，底特律常住人口数由巅峰时期的 185 万下降到不足 89 万，人口的减少致使劳动力短缺，企业生产成本增高，地区消费萎靡等，最终导致了 2013 年底特律的破产。

2. 产业集群培育与发展

（1）自然地理条件优越，煤铁资源丰富。底特律交通发达，水陆空交通的便利大大降低了运输成本。同时，在底特律附近煤铁资源丰富，距离钢铁生产基地匹兹堡距离非常近，使底特律汽车产业发展拥有雄厚的资源基础。另外，底特律附近有以纽约—华盛顿为核心的大型城市群，以及以芝加哥—多伦多为核心的大型城市群，其经济发展状况优越，汽车市场需求量非常大。

（2）网络型产业组织模式。底特律汽车产业集群由几个垂直一体化的大企业支配，一大批供应商及零售商聚集，供应商或零售商依赖于大的核心企业，并从组织集聚中受益。底特律汽车产业集群是围绕通用、福特、克莱斯勒三大巨头形成的庞大汽车产业链，大企业集聚吸引了从零件制造、金融服务到汽车维修等多样化的活动主体共同依存于核心企业的大量生产活动，并为汽车产业提供专业服务，使底特律成为美国甚至是世界的汽车制造中心。

（3）政府政策支持。美国政府的汽车政策主要包括汽车产业组织政策、汽车产业资本政策、汽车产业技术政策、汽车产业消费政策以及汽车产业配套政策，政策支持贯穿于汽车产业的整个发展阶段。例如，美国国防部的“高级项目研究组织”专门负责对具有战略意义的产业进行支持，电动汽车便是其中一项。

3. 产业集群衰败原因分析

作为曾经的全球汽车产业中心，底特律汽车产业集群的衰败是多种因素造成的，包括产业结构、社会问题、金融危机等。底特律汽车产业的衰败，给我国先进制造业集群培育一定的警示。

（1）产业结构单一。底特律产业结构类型单一，过度依赖汽车产业，汽车行业贡献的财政收入占总财政收入的80%。一个特定领域贡献较大比例的财政收入是一些国家和城市的共性，但如果这个领域发生系统性风险，那么财政收入将面临系统性冲击，财政状况恶化甚至出现财政危机就十分必然。所以，底特律的城市结构和产业布局都是以汽车产业的需求为先导，区域产业单一发展模式严重影响了城市的发展。同时，底特律的城市发展和美国汽车业的全球化产业布局协同不足，最终导致底特律错失了产业的改革和转型的时机。

（2）社会问题突出。底特律黑人占比曾高达82.7%。在20世纪60年代民权运动促使下，底特律人口间种族矛盾激发以及该市发生的极具破坏力的骚乱，导致白人及中产阶级大量外迁，不仅减少了城市的税收基数，而且人口规模大幅度缩减对底特律企业发展与城市建设带来较大的负面影响。同时，自动化的普及和亚洲劳动力成本低廉，都迫使美国汽车企业不停裁员，更进一步加剧了底特律人口流失和税收萎缩。

（3）金融危机冲击。2008年国际金融危机期间，底特律遭到重创，当地通用、福特等汽车企业跌入低谷，城市失业率达到18%，城市经济形势快速恶化。同时，2008年每桶超过100美元的油价，让“底特律三巨头”雪上加霜。2009年，持续的金融危机又将底特律汽车产业推到悬崖边缘，通用和克莱斯勒一度寻求破产保护。同时，随着日系、欧系汽车的崛起，美国汽车业的竞争力不断下降，在全球的份额也在下滑，和当年的发展势头已不可同日而语，底特律的衰落也成为不可逆转的事实。

三、发达经济体培育先进制造业集群的主要经验

先进制造业集群是在新一轮科技革命和产业变革中产生的新产业组织形态，也是提升制造业创新能力、核心竞争力和国际影响力的国家重要战略工具。2000 年以来，美国、英国、日本和欧盟等发达经济体纷纷制定打造世界级先进制造业集群的相关政策和战略规划，多部门协同推动先进制造业集群的快速发展。目前，这些发达经济体已形成一批世界级制造业集群。其中，德国拥有世界级先进制造业集群 15 个，法国有 18 个，日本有 18 个，挪威有 4 个，加拿大有 5 个。发达经济体在世界级先进制造业集群建设中的经验主要包括以下几个方面。

（一）形成多部门协同推进机制

发达经济体在培育和发展先进制造业集群的过程中，形成了多部门协同推进机制。在美国奥巴马政府时期，由总统亲自直接负责产业集群发展，设有 8 个部门组成的集群工作组，设立了 5 个产业集群计划，针对每个产业集群的发展计划，形成由一个部门主导、多个部门共同参与的“1+N”协同推进机制。其中，美国能源部等 3 个部门为费城高效节能建筑创新集群的培育和建设共投入 1.29 亿美元。2006 年，德国政府为推动产业集群发展，创立横跨联邦所有部门的综合性集群战略。2007 年，德国政府在产业集群领域投入 6 亿欧元，由两部门协同推进设立两个产业集群计划，其中之一是“领先集群竞赛计

划”。2014 年，德国政府进一步将创新集群作为提升产业国际竞争力、推动“工业 4.0 计划”的重要战略。2005 年，法国政府设立“竞争力集群计划”，建立跨部门工作小组，由 6 个部门联合设立产业集群专项基金，2006—2011 年投入 30 亿欧元，打造遍布全国的 71 个竞争力集群。

（二）建立网络化产业集群组织

产业集群网络化是指集群各行为主体在进行技术合作和协同创新过程中，基于正式或非正式合作所形成的网络关系总和。所以，建立网络化产业集群组织是应对产业集群网络化发展趋势的重要措施，也是实施世界级先进制造业集群的体制保障。网络化产业集群组织是介于政府、市场之间的具有枢纽型作用的产业创新组织，能够推动包括大学、科研机构、政府部门、金融机构、产业协会、行业联盟等不同主体间建立长期密切的合作关系，通过联合建立技术创新中心、成立创新实验室、举办制造业发展论坛和组织网络化活动等打造产业集群命运共同体。网络化产业集群组织不仅有利于促进知识外溢，加强研发合作，提升制造业的核心竞争力，而且有利于促进不同企业主体间的合作交流，能够形成优势互补、资源共享、组织共治、合作共赢的产业集群发展治理模式。例如，“It’s OWL”（德国工业 4.0 旗舰集群）是德国联邦政府领先集群计划的典型代表，也是德国工业 4.0 计划智能制造领域的引领者。该集群形成了网络化产业集群组织，主要功能包括技术合作、教育培训、集群组织管理、孵化创业支持等。

（三）培育集群创新生态系统

产业集群创新生态系统指在特定的产业领域内不同的创新主体与周围环境及要素间，基于科研合作和技术创新相互连接、相互作用所构成的，具有一定结构、功能和层次的生态系统。产业集群创新生态系统通过信息网络以及正式或非正式的交流机制实现优势互补、资源共享，使看似松散的创新生态系统中各主体间的联系变得更为紧密。产业集群创新生态系统内各主体间的组织方式具有灵活性、扁平性等特征，能够有效应对及适应外部复杂环境的变化，也能够充分发挥集群优势，打造具有活力、韧性的创新生态系统。例如，丹麦欧登塞机器人产业集群是欧洲产业集群创新生态系统的成功案例。作为丹麦第三大城市，欧登塞市只有不到20万人口，却拥有世界最领先的机器人产业集群，聚集了包括瑞士ABB、日本发那科等在内的世界级机器人企业，同时也孕育了本地优傲机器人、名傲移动机器人等领军企业，共有120多家机器人企业。欧登塞依托原有制造业基础，加大对机器人产业的研发投入，营造就业创业环境，不断拓展机器人产业创新链条，成功培育了一个充满活力和前景的机器人产业集群创新生态系统。

（四）长期持续推进集群建设

先进制造业是国民经济的战略性产业，也是现代服务业的产业支撑，先进制造业集群建设需要分阶段长期持续推进。发达经济体在先进制造业集群培育和构建过程中注重政策的连续性和可持续性，均明确提出了产业集群长期发展规划，并在每个阶段出台相应的政策措施进行贯彻落实和积极推动。先进制造业集群的培育和发展是一个长期的系统工程，从发达经济体推动建设世界级产业集群的时间来看，德国为10年，日本为16年，法国为12年，挪威为15年。其中，德国、日本和挪威分别在出台产业集群计划12年、8年、13年后，推出其世界级产业集群计划。韩国在先进制造业集群培育发展过程中，根据不同的发展阶段实施了差异化的集群管理策略。日本九州半导体产业集群是世界著名的半导体产业集聚地。2001年日本经济产业省和文部科学省出台“产业集群计划”，并分为启动期（2001—2006年）、成长期（2007—2011年）、发展期（2012—2020年）三个阶段实施，依次推进，进而推动半导体产业集群发展。

四、发达经济体培育先进制造业集群对我国的启示

（一）加强政府的引导和扶持

政府的积极引导和资金扶持是发达经济体建设世界级先进制造业集群的共同经验，中国在培育和发展世界级先进制造业集群的过程中同样也需要加强政府引导和扶持。先进制造业集群的培育和建设是我国传统制造业转型升级和产业高质量发展的重要举措，对建设世界制造强国、科技强国具有重要的战略意义和实践价值。应借鉴发达经济体创新集群政策，发挥政府在先进制造业集群培育和发展过程中的重要作用。第一，政府应强化政策引导，统筹规划，重视政策的针对性、长期性和延

续性，制定推动先进制造业发展的行动指南和实施方案，建立多部门协同推进机制，积极引导财税优惠、人才引进、金融支持等各类政策向先进制造业领域倾斜。第二，政府应加大对新一代信息技术、高端装备、新材料、生物医药等重点领域的财政资金投入力度，加强对企业科技研发的支持力度，推进企业加强技术自主研发，提高先进制造业集群的创新能力和核心竞争力。第三，应充分发挥政府的监管和调控作用，为先进制造业集群积极营造公平竞争的市场环境，加大对核心关键技术知识产权的保护，提升集群治理水平，积极构建充满活力的先进制造业集群创新生态系统。

（二）建立产业集群研发平台

先进制造业是新一轮科技革命和产业变革的重要阵地，是先进生产力的代表。美国、日本和欧盟等发达经济体纷纷建立产业集群研发平台，将机器人、高端设备制造、微电子、生物医学、先进材料等关键技术和与战略性新兴技术加以重点扶持，加快科技研发和协同创新步伐，积极巩固在全球产业链中的领先地位。为培育先进制造业集群，我国应做好以下工作。第一，应加快设立国家级先进制造业集群研发创新平台，推动国家级创新中心、创新实验室等创新载体的建设，聚合创新要素和创新资源，加快集群内部技术交互、知识扩散、信息共享，提高政产学研用协同创新水平，构建高效、开放、可持续的集群创新生态系统。第二，支持产业链龙头企业与大学、科研机构、行业协会、产业联盟等组建利益共享、风险共担的产业技术创新联盟、科研生产联合体等，形成优势互补、分工明确的协同创新机制，积极推动产业链上下游企业联合攻关行业关键共性难题。第三，在借鉴发达经济体集群研发平台的基础上，构建集群技术学习创新机制，加强集群内企业、大学、科研机构、行业协会、产业联盟等多元创新主体间相互联系和相互作用，促使信息与知识在集群内自由流动与外溢扩散。同时，通过产业链上下游企业的交流与合作，不断积累显性知识与隐性知识，进而提升集群的整体创新水平。

（三）积极鼓励企业自主创新

发达经济体培育和构建世界级先进制造业集群的典型特征是拥有强大的自主创新能力和核心竞争力，能够在激烈的全球竞争中占据主导地位。要在大国科技与产业的博弈中占据优势地位，必须培育我国先进制造业的自主创新能力，掌握我国产业链的自主性。企业是创新的主体，是推动创新创造的生力军，提升企业自主创新能力是建设制造强国、构建新发展格局的内在要求。为此，我国应积极鼓励企业自主创新。第一，优化集群创新生态，加大财政支持企业创新力度，打造支持企业自主创新的良好生态环境。第二，充分发挥企业自主创新主体作用，坚持自立自强，支持和引导创新要素向企业集聚，不断提升企业核心竞争力和创新能力。第三，政府应注重鼓励企业自主创新，推动产业共性关键技术攻关，加快培育一批具有全球竞争力的“链主”企业和专精特新中小企业，不断释放制造业发展新动能。第四，进一步强化协同创新，围绕先进制造业的重点领域支持集群内企业与国外龙头企业、科研院所等建立合作关系，积极引进优质人才资源和创新要素。

（四）建立跨行政区域推进机制

工业和信息化部公布的 45 个国家先进制造业集群有将近 1 /4 是跨区域形式的，如深广高端医疗器械集群、成渝地区电子信息先进制造集群、广佛惠超高清视频和智能家电集群、京津冀生命健康集群等。先进制造业集群跨区域发展符合产业发展规律，行政边界并不等同于产业边界，跨行政区域共建产业集群不仅能够避免不同区域之间产业雷同、无序竞争，而且能够充分发挥各地之间产业与资源的优势，强化产业协作，实现合作共赢。因而，我国应破除行政壁垒，建立跨行政区的先进制造业集群联合共建机制。首先，在先进制造业集群的建设和发展过程中，应遵循“不破行政隶属关系，打破行政分割约束”思路，顺应产业发展规律，优化产业集群政策，设立区域产业创新基金，推进跨越行政地域界限的集群共同体建设。其次，促进企业、大学、科研机构、行业协会、产业联盟、投资机构等多元创新主体的跨区域合作，加快核心技术联合攻关，提升产业集群的整体实力和创新能力。最后，应鼓励城市群内部多个城市联合建设产业集群，为世界级先进制造业集群建设提供可靠的机制保障。

第三章

我国先进制造业集群案例及经验分析

先进制造业是现代化产业体系的重要组成部分，也是技术创新的主战场，是创新活动活跃、创新成果丰富、创新应用集中、创新溢出效应强的领域。培育和发展先进制造业集群是党中央、国务院作出的重要战略部署，也是实现经济高质量发展的战略选择。经过多年努力，我国已在先进制造业集群培育方面取得突破。为深入分析我国先进制造业集群的发展状况，本章首先构建了一个先进制造业集群的理论分析框架，接着从产业领域与规模、核心主体、核心技术与创新能力等维度对我国先进制造业集群进行了系统全面的分析，最后在案例分析的基础上，对我国先进制造业集群发展的经验进行总结。

一、先进制造业集群的理论分析框架

先进制造业集群的本质是创新集群，而创新集群的发展则源于创新网络的构建和演化。网络是一种有别于市场和政府的组织形式，能够重塑网络内主体的功能和分工，有利于主体之间资源依赖性运作并激发其自发组织运行。创新网络是技术创新和知识重组的重要载体，是技术扩散与转移的有效途径。创新集群是由创新型企业、大学、科研机构、新型研发组织、政府、促进组织等多元创新主体共同形成的创新网络。创新型企业指拥有自主创新能力、依靠技术创新获取竞争优势并持续发展的经济主体，也是从事技术创新与研发、产品或服务生产与交易等活动的直接行为主体。大学是人才培养与输出基地，它与研究机构形成研发合作网络，进而拓展基础研究、促进知识创新。研发合作网络与企业对接，通过支持新创企业、吸引风险投资和弘扬创新文化等方式，孵化出创新企业。科研机构能够弥补大学支持的基础研究与产业需求的应用型技术之间的裂隙，支持技术发展，提供共享设施，方便企业使用这些设施去试验并适应不断发展的技术，同时与社区学院和大学共同对企业员工进行培训，通过网络组织将技术和流程学习传递给各企业。新型研发组织则在促进科技与经济紧密结合、加速成果转化、促进创新创业、培育创新人才等方面发挥重要作用。政府通过提供各种规则、法律程序和行为规范等，为集群内创新活动的有效开展提供良好的发展环境。促进组织是创新集群的链接者、联络者，还可能是创新集群的缔造者和建设者。它促成企业、大学与研究机构及其他行为主体间实现知识、技术共享及合作创新，在创新集群的培育和发展过程中发挥着重要作用。

创新网络的构建是多元创新主体获取创新资源、形成竞争优势进而不断强化和持续成长的重要方式，而多元创新主体持续频繁的互动则是创新集群兴起和发展的基本动力。创新网络通过知识重组、产业集聚和集体行动，促进相关企业和机构紧密互动进而加速创新，并在特定的技术发展方向上持续发挥引领作用，从而维系持久的竞争力。作为先进制造业集群创新活动的重要组织形式，创新网络更了解先进制造业的技术前沿、重大问题与突破路径，具有能够更加有效地配置创新资源的优势和能够快速提升本地制造业的全球竞争力，有助于提升先进制造业集群所在地区的企业创新能力，促进先进制造业集群加快迈向全球价值链中高端。

创新网络在先进制造业集群培育发展过程中的作用机制主要表现在三个方面。一是知识溢出。企业之间的合作与产学研之间的联系是产生知识溢出效应和提高知识创造、扩散及吸收能力的关键。二是促进创新。重要的创新信息来源于企业外部，如供应商、客户和竞争对手等。企业之间的信任、共享的规则和互惠，能够有效促进知识的流动，进而促进集群内企业的创新。三是激发共同需求。创新网络为创新主体提供了激发创新需求的可能性，并确保以最低成本的方式来开展创新活动并获取收益。

为了深入分析先进制造业集群的形成和演化机制，本节基于创新网络的相关理论构建了我国先进制造业集群的分析框架。先进制造业集群是由创新型企业、大学/科研机构、新型研发组织、政府、促进组织等多元创新主体构建的创新网络（见图5）。而创新网络的形成和演化则是由多元创新主体间相互连接、相互作用共同推动的。其中，产业集群的促进组织在创新网络的形成和演化过程中发挥着至关重要的作用，如江苏省无锡市物联网集群、上海市集成电路集群、陕西省西安市航空集群的促进组织分别是无锡物联网创新促进中心、上海市集成电路行业协会、陕西省西安市国家航空产业基地企业联合会，它们对外作为集群企

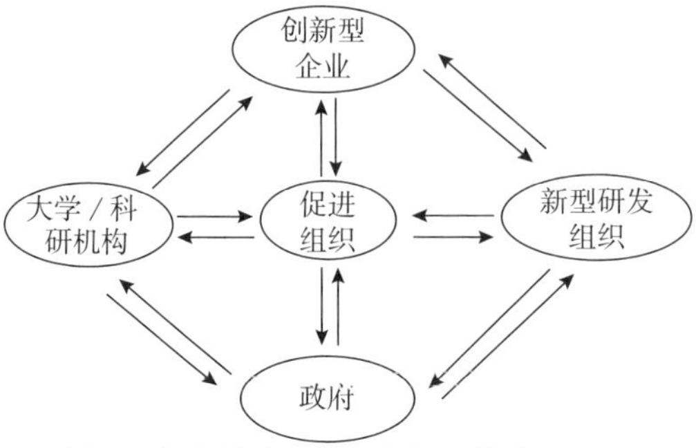

图5　先进制造业集群创新网络演化机制

资料来源：笔者自制。

业及机构与政府之间的联结纽带和桥梁，协助政府开展集群管理，代表集群整体对外合作；对内扮演为集群企业及相关机构服务与协调的角色，推动集群主体间不断进行技术交互，提升集群创新效率。

基于先进制造业集群发展的需求，不同主体间的互动关系形成了集群的核心主体、核心技术、创新能力、核心产业、产学研合作、政策环境、应用场景开发等。本章试图通过理论框架剖析先进制造业集群的形成和演化机理，进而更好地把握我国先进制造业集群的培育进展和发展趋势。

二、重点先进制造业集群进展分析

为研判我国先进制造业集群培育进展，本节从工业和信息化部确定的 45 个国家先进制造业集群中选取了较早进入培育流程的 20 个集群，涵盖新材料、生物医药、高端装备、电子电气、智能终端、新一代信息技术等领域。基于前文的分析框架，本节从集群产业领域与规模、核心主体、核心技术与创新能力 3 个维度进行分析，并对我国重点先进制造业集群培育情况进行总结。

（一）广东省深圳市新一代信息通信集群

产业领域与规模。深圳市新一代信息通信集群拥有传感器、芯片原件、终端设备、交互解决方案的完整产业链，具有全球最完备、响应速度最快的电子信息产业链。2020 年深圳市信息产业规模达到 2.8 万亿元，居全国大中城市首位，已形成全球最完备、响应速度最快的电子信息产业链，电子信息产业约占全国行业规模的 1/6，数字经济产业规模位居全国首位。

核心主体。深圳市拥有华为、中兴、比亚迪、大疆、康佳、创维等一批新一代通信领域龙头企业，2019 年有超过 20 家企业入围中国电子信息百强企业名单。龙头企业带动作用明显，2022 年华为实现全球销售收入 6369 亿元，在 5G 领域的研发和创新能力全国领先，从技术、产品到标准都已经在全球范围内构建起领先优势；在集成电路领域全国十大 IC 设计企业中深圳占据 3 家，海思半导体等企业多年引领全国集成电路设计领域发展；超高清和新型显示领域华星光电液晶面板出货量跃居全球第一，带动了上下游产业链逆势增长；在人工智能领域有商汤科技、进化动力、云天励飞、优必选等知名人工智能企业，以及腾讯、华为、中兴、平安科技等开展人工智能研究的巨头，逐步形成覆盖设计、开发、制造、服务、应用等环节的人工智能产业生态。中小微企业蓬勃发展，中小板和创业板上市企业总量连续 14 年位居国内城市前列。

核心技术与创新能力。深圳市新一代信息通信集群自建设以来，中科院深圳先进技术研究院作为总促进机构，通过协同创新、技术共享实现集群命运共同体，完成 5G、集成电路、新型显示、微纳制造、机器人 5 个细分产业促进机构建设，提供技术支持、产业创新资源。目前，深圳市新一代信息通信集群共成立超过 90 家联合实验室（其中新一代方向有 51 家），企业委托合作到款金额接近 3 亿元。集群总促进机构充分发挥产业组织“织网人”作用，通过移动通信开展公共服务平台、智能大数据平台、电子材料与器件检测与仿真平台等平台项目建设，以协同创新推进网络化协作。

（二）上海市集成电路集群

产业领域与规模。1958年上海集成电路行业开始起步发展，随着国际芯片产业布局的调整，国际集成电路行业巨头在上海建立研发中心和制造工厂。上海集成电路产业与周边苏州、无锡、南京等城市集成电路产业形成了一定的分工与协同效应。上海作为全国集成电路产业高地，集聚起了大批集成电路设计企业、制造企业、封装测试企业和设备材料企业，形成了集设计、制造、封测、材料、装备及其他配套、服务于一体的完整的集成电路产业链，成为国内集成电路产业链最完整、最均衡的区域。2021年，上海市集成电路设计业销售收入为1222.28亿元，占全国集成电路销售收入的27.05%；芯片制造业销售收入为596.04亿元，占全国集成电路销售收入的18.77%；封装测试业销售收入为470.7亿元，占全国集成电路销售收入的17.04%。截至2022年9月中旬，上海市集成电路产业相关的注册企业超过1500家，其中2021年新注册企业数量达历史高峰，达226家。

核心主体。作为国内集成电路产业链最完整、技术水平最高、综合竞争力最强的地区，上海集聚了超过1200家行业重点企业，其中规模以上企业超过200家、上市和挂牌企业近40家、高新技术企业近200家，汇聚了全国40%的产业人才，集聚了国内50%的行业创新资源。大批优质的集成电路企业落户上海，极大地促进了上海市集成电路产业的快速发展，从设计、制造、封装测试以及设备材料环节，均有龙头企业在上海布局。在集成电路设计环节，有复旦微电子、澜起科技等，在集成电路制造环节，有台积电、中芯国际、华润微等。其中，以浦东新区的产业链布局最为完善。

核心技术与创新能力。上海市以集成电路为核心先导，着力推动集成电路自主创新与规模发展，加快核心关键技术攻关、先进制造工艺研发、生产能力升级，提升芯片设计、制造、封装、装备材料全产业链能级，芯片设计水平已经达到国内领先，技术先进的企业已经提升至10纳米以内，芯片制造业已经采用更高水平的制造工艺，封装测试业已形成以先进封测技术为主导的封测产业体系，设备材料业一批本土设备企业自主研发的新一代关键设备和材料已装备多条生产线，打破我国主要设备、材料全部依赖进口的局面。上海市集成电路集群已经形成国际一流、技术先进、产业链完整、配套完备的产业体系，为电子信息产业的持续创新发展夯实基础。

（三）广东省广佛惠超高清视频和智能家电集群

产业领域与规模。由广州市、佛山市和惠州市联合培育，现阶段超高清视频和智能家电集群主导产业产值近9000亿元，产业规模稳居国内前列，全国市场占比约1/3，带动粤港澳大湾区相关产业规模超过万亿元，成为全国产业规模最大、品类最多的超高清视频与智能家电产业集聚区。集群产业链水平全国领先，产业链条完整、衔接紧密，整机及零配件企业近万家，成为我国超高清视频和智能家电产业核心发展区。

核心主体。广州、佛山、惠州三地深化区域协同创新和产业联动，已形成全国乃至全球规模最大、品类最齐全的显示家电配件产业链，培育了美的、TCL、创维、格兰仕、海信科龙、万和、视源、志高等一大批民族品牌和企业。2019年，集群企业数量接近7000家。其中，规模以上企业近3000家，年营收超千亿元有2家，超百亿元近20家，高新技术企业超过3000家。

核心技术与创新能力。国产化始终是先进制造业发展中的一大挑战，超高清视频产业也不例外，在超高清显示领域，一系列“卡脖子”问题正在寻求突破。超高清视频与5G、AI、VR/AR、云计算等技术融合应用正在向各行业、各领域纵深发展，与医疗、工业、安防等行业实现横向融合应用。在超高清产业链中，广州、佛山、惠州发挥专业化分工优势，降低交易成本，释放创新动力。广州生产性服务业、人才资源集聚，惠州、佛山发挥制造业基础优势，实现三地资源共享、信息互通、协同发展。

（四）江苏省南京市软件和信息服务集群

产业领域与规模。软件和信息服务产业是南京的传统强项、名牌产业。2010年，南京市便被工业和信息化部认定为首个综合型中国软件名城，软件先进集群培育优势突出。从基础软件到应用软件再到新兴软件各领域，南京市加快打造软件和信息服务产业地标，形成了较完备的产业链条。全面实施“链长制”后，南京市将进一步弥补产业链核心短板，打造国内领先的软件和信息服务集群。2021年，南京市软件和信息服务业收入达7200亿元，增长20%。

核心主体。截至2019年年底，南京市拥有软件企业15800多家，其中亿元以上大企业300多家、中型企业3000多家、小型企业1000多家、微型企业10000多家。大中小微型企业分布结构稳定性强，近10家企业实现境外上市，超过10家实现主板上市，1700多家成为高新技术企业，超过10家成为专精特新“小巨人”企业。集群拥有南瑞集团、省通服、国电南自、金智、润和等中国软件百强企业30家，其中8家为本土自主培育；培育了汇通达、途牛、苏宁、满运中国互联网百强企业4家。

核心技术与创新能力。南京市拥有相对完善的软件创新体制和先进的技术体系，创新型企业和产品不断涌现。集群企业平均研发投入强度在 5% 以上，处于国内领先水平。发明专利数量呈上升趋势，新增专利申请超过 1 万个，新增发明专利授权超过 6000 个。集群企业牵头或参与制定软件相关国际／国家标准超过 50 项。集群企业已掌握一批行业前沿技术和关键共性技术。全市软件产业研发力量相当可观，当前共拥有涉软类新型研发机构超过 150 家，占全市比重 40%。截至 2019 年年底，集群共有国家级技术创新载体超过 70 家，科技企业孵化器、大学科技园、众创空间等科创载体超过 500 家，科技企业孵化器和大学科技园集聚科技型企业近 1 万家，众创空间常驻创业团队和初创企业均超过 7000 个（家）。

（五）广东省东莞市智能终端集群

产业领域与规模。东莞市拥有华为、OPPO、vivo、华贝电子等一批电子信息制造龙头企业，汇聚了一批行业领先企业和隐形冠军，形成了从基础零部件到终端产品制造、从消费类产品到投资类产品等完整产业体系。2021 年，东莞市电子信息制造业完成规模以上工业增加值 1592 亿元，占规模以上工业比重达 31.78%。2021 年东莞全市智能手机产量达 2.45 亿台，占全国总产量的 20%，东莞市智能移动终端集群入选首批先进制造业集群。

核心主体。经过多年的发展，东莞市培育形成了涉及 34 个行业和 6 万多种产品的较完整的制造业体系，构建了由 20.36 万家工业企业、1.27 万家规模以上工业企业、7374 家国家高新技术企业、110 家专精特新“小巨人”企业和 24 家规模超百亿元企业、3 家超千亿元工业企业组成的优质企业发展梯队，东莞市已成为全国制造业最发达、产业综合配套能力最强、民营经济最活跃的城市之一。

核心技术与创新能力。东莞市积极鼓励龙头企业、研发机构和高等院校加快突破核心电子元器件、高端通用芯片、关键基础材料等领域的核心关键技术、先进基础工艺，积极推进科技成果交易转化，加快信息安全关键技术和产品研发。其中，涉及的重点项目包括加快推进国际微电子学院、东莞微电子研究院等重点研发平台建设，推动智能终端应用企业参与建设小微间距 LED 显示技术创新联合体等。

（六）江苏省南京市新型电力（智能电网）装备集群

产业领域与规模。智能电网是南京市优势产业之一，形成了涵盖“发、输、变、配、用、调度、通信、综合能源服务、电力网络安全”全产业链九大关键环节的产业集群，初步形成“一谷两区”产业格局。2021 年，南京市智能电网产业链实现主营业务收入 2200 亿元，同比增长 21.5%，位居全省第一。

核心主体。在南京市新型电力（智能电网）装备集群，现有智能电网从业单位近 1200 家。其中，规模以上工业企业超过 600 家，单项冠军企业数量近 20 家，另有一些专精特新“小巨人”企业。该集群拥有以南瑞集团为龙头，国电南瑞、南瑞继保、国电南自、南高齿、西门子、菲尼克斯等一批规模大、竞争力强的龙头骨干企业，产值排名前 20 位的企业占集群产值比重达 60% 以上。集群拥有 300 多家高新技术企业、近 10 家独角兽企业、60 多家瞪羚企业，成为集群转型升级和提高核心竞争力的重要新生力量。

核心技术与创新能力。截至 2021 年年底，南京市新型电力（智能电网）装备集群企业合计参与起草1000多项国际、国家和行业标准，获得2项“中国标准创新贡献奖”。南京市新型电力（智能电网）装备集群拥有专利1万多件，其中发明专利授权4000余项，拥有国内攻克智能电网世界级难题的科研团队，有国家级人才近10人，科研技术人员超过3万人，人才梯度合理，高层次人才对产业引领支撑作用明显。

（七）湖南省株洲市先进轨道交通装备集群

产业领域与规模。株洲市是“中国电力机车之都”“中国动车组的摇篮”，也是全国轨道交通领域产业规模最大、链条最齐、研发实力最强、产品谱系最全的集聚区，形成了集整机制造、核心系统研制和关键零部件生产、计量检测认证、工程总包服务等于一体的产业体系。目前已集聚了390多家上下游企业，2021年集群规模将近1400亿元，较10年前增长了2.6倍，入选全国首批先进制造业集群，产品出口到全球六大洲70多个国家和地区，成为中国制造“走出去”的代表作。

核心主体。集群汇聚中车株机、中车株洲所、中车电机、中车株洲控股等一大批骨干企业及配套企业超过300家，形成了以百亿元企业为龙头、十亿元企业为支撑、科技型中小微企业为基础的创新型企业集聚区。集群拥有大型企业10家以上，中小微企业300家以上。其中，规模以上企业100多家，高新技术企业100多家，10家企业入选国家专精特新“小巨人”企业。

核心技术与创新能力。株洲市拥有2名中国工程院院士、47名享受国务院特殊津贴的科技专家，形成了以中国工程院院士牵头，近200名教授级高级工程师组成的轨道交通产业高级人才研发团队。构建了“工程化研究—应用技术开发—科技成果转化—规模化生产—商业模式创新”的产学研用政金商创新体系，主导和参与制定国际标准近 100 项、国家标准超过 100 项，集群累计获得发明专利超过 8000 件，具有自主知识产权产品的比重超过 80%，先后获得国家级科技奖励和国家级专利奖项均超过 15 项。

（八）湖南省长沙市工程机械集群

产业领域与规模。长沙市是全球唯一同时拥有 4 家工程机械世界 50 强企业的城市，被誉为“工程机械之都”。长沙市工程机械集群共拥有 12 个大类、100 多个小类、近 500 个型号规格的主机产品，涵盖全国工程机械品种的 70%。其中，三一集团混凝土机械、中联重科起重机械、铁建重工大直径全断面硬岩隧道掘进机、山河智能静力压桩机市场占有率全球领先，集群混凝土泵车、挖掘机产销全国第一。2021 年，长沙市工程机械产业总产值初步统计接近 3000 亿元，同比增长 16%，产业规模连续 12 年居全国第 1 位。国内工程机械前 5 强企业中，长沙占据 3 席，并且长沙有 4 家企业进入全球工程机械企业前 50 强。

核心主体。2015 年以来，长沙市工程机械新增企业数量逐年增长，截至 2022 年 9 月，长沙市工程机械产业相关的注册企业超过 3000 家，其中规模以上企业超过 300 家，拥有三一集团、中联重科、铁建重工、山河智能等 40 多家大中型主机企业，围绕主机企业聚集了一大批设计、研发、制造、检测以及后市场服务等中小型配套与服务企业，本地配套和协作水平稳步提升。中小企业聚焦专精特新发展方向，星邦智能等集群企业荣获工业和信息化部专精特新“小巨人”企业，拥有高新技术企业 100 多家，并拥有一批单项冠军企业和国家技术创新示范企业。

核心技术与创新能力。集群现有技术国内领先，部分达到国际先进或领先水平。3000 吨履带起重机、101 米碳纤维长臂架混凝土泵车、大型全断面隧道掘进机等世界领先产品在长沙诞生，混凝土机械、建筑起重机、挖掘机等产品销量全球领先，桩工机械等多种产品连续多年国内市场占有率第一。集群拥有国家级技术创新载体 20 家，其中包含相关双一流大学、国家级企业技术中心、国家重点实验室、国家级博士后科研工作站、国家工程技术研究中心、国家工程研究中心、国家工业设计中心等。

（九）江苏省苏州市纳米新材料集群

产业领域与规模。江苏省苏州市聚焦纳米技术应用，自 2006 年起，苏州工业园区以发展纳米技术应用产业为抓手，聚焦第三代半导体、纳米生物材料、纳米功能材料等材料端，微纳制造、光电子等应用端，集聚各级领军人才创新创业团队 470 多个，产业产值迈上千亿元级，培育出了纳维科技、晶湛半导体、汉天下、东微半导体、镭明激光等一批领军企业，部分关键核心技术在国际上处于并跑甚至领跑状态。

核心主体。截至 2021 年年底，集群拥有超过 900 家纳米技术应用企业，苏州市先进材料产业市级以上专精特新企业有 121 家，上市企业达 54 家，《财富》世界 500 强企业（集团）共 3 家。大中小企业融通发展，呈现出骨干企业牵头、中小企业配套生产的创新融通发展态势。

核心技术与创新能力。集群掌握了前沿的关键技术和共性技术，在高质量氮化镓衬底材料、大尺寸硅基外延技术、高功率密度芯片工艺方面处于世界一流地位。主导产业技术打破国际垄断，光刻胶实现 7 纳米工艺应用，8 英寸硅基氮化镓为全球首发，55 寸投射式触摸屏填补了行业空白。集群企业研发具有纳米孔道结构的单分散硅胶色谱填料，成为独特的专利产品；集群企业突破微纳米粉体关键制备技术，开发聚碳硅烷和连续碳化硅纤维，打破了国外长期技术封锁和产品垄断。集群已拥有国家级创新载体 15 个，包括国家地方联合工程实验室、新材料检测技术国际联合研究中心等。省级创新载体超过 100 个，形成从基础到应用及成果转化的完整技术创新体系。

（十）江苏省徐州市工程机械集群

产业领域与规模。自 2010 年获“中国工程机械之都”称号以来，徐州市工程机械集群形成了覆盖工程机械 20 多个产业门类的全产业链条。2020 年，全市工程机械整体实现营业收入 1800 亿元，有力带动了研发、设计、维修、租赁、物流、金融等关联产业快速发展。

核心主体。目前，徐州市拥有工程机械企业 1200 家，其中超千亿元企业 1 家、超百亿元企业 1 家、规模以上企业 500 多家。构建了以徐工集团、卡特彼勒等龙头企业为引领，赛摩电气、五洋科技等高新技术企业为骨干，海伦哲、世通重工等创新型中小企业为协同的大中小企业融通发展的良性格局，形成了国资、外资、民资“三资并进”的合理结构。徐工重型、徐工随车、徐工基础、徐工筑路等企业被评为国家制造业单项冠军企业（产品）。集群内有 2 家企业被评为国家专精特新“小巨人”企业，高新技术企业达 170 多家。

核心技术与创新能力。集群组织 50 余项联合科研攻关，攻克了五大主机领域在液压、传动、电控等方面的 30 余项“卡脖子”技术；集群企业专用底盘、液压件、变速箱、驱动桥、电控系统、回转支承、驾驶室等关键零部件实现系列化本地配套，全面覆盖工程机械 20 个大类主机。徐州工程机械产业形成的国家级企业技术中心、国家级工业设计中心、智能制造国家重点实验室、国家工程机械质量监督检验中心、智能控制工程研究中心、工程机械传动与工程实验室等国家级技术创新载体超过 20 个。工业和信息化部批复了包括徐工工业设计中心、贯通企业全价值链的互联网协同研发“双创”平台。

（十一）上海市张江生物医药集群

产业领域与规模。上海市加快打造生物医药创新策源高地、高端制造高地、人才汇聚高地、政策配套高地。2021 年上海市生物医药产业规模超过 7000 亿元，其中，以张江生物医药集群为核心的浦东新区生物医药产业规模达到 2700 亿元，建立了 6 个国家级和 17 个市级临床医学研究中心，在生命科学、药学等领域集聚了一批国内领先的科研院所；首个国家药品、医疗器械审评检查分中心在上海成立并运行，服务范围覆盖整个长三角地区。

核心主体。张江集聚了 1400 余家生物医药创新主体，数家全球医药 10 强企业入驻张江；中国医药工业 100 强企业，近 1/3 将研发布局张江。中科院药物所、国家新药安评中心、张江药物实验室、蛋白质设施等 30 多家重大科技基础设施和国家战略科技力量布局张江，全球医药 20 强已建或拟建的生物医药相关大企业开放创新中心超过 10 家。

核心技术与创新能力。张江集聚近 7 万名生物医药从业人员，在新药研发、工艺开发、质量管理、商业流通等环节集聚了一大批专业人才，并拥有中国 1/4 的生命科学与医学领域院士。张江培育的一类新药上市数量近全国的 1/3。目前拥有在研药物品种超过 600 个，一类新药占比超过 50%。创新成果快速涌现。张江研发并申报的 16 个一类新药、12件创新医疗器械产品获批上市，创造了全国或全球多个“第一”的纪录。

（十二）陕西省西安市航空集群

产业领域与规模。2020年，西安市航空工业产值超过600亿元，位居全国前列。2021年，西安市航天基地规模以上工业产值突破500亿元，地区生产总值增长11.3%，规模以上工业产值增长36.9%，8项主要经济指标实现两位数增长，4项主要指标增速超过20%。

核心主体。西安市有航空企事业单位近400家，拥有西飞、西航发、庆安、远东等中央龙头企业近20家，科研院所16家，航空相关院校19家，全国航空产业百强企业名单中陕西省占17家，西安市占15家。大型龙头企事业单位集聚效应凸显，形成了我国唯一集飞机设计、研制、生产、试验为一体的航空产业集群。从事航空相关业务企业近1000家，其中沪深两市上市企业超过10家，涉及航空发动机、飞机起落架、飞行数据采集记录系统、机载设备、飞机强度试验等领域研发制造。

核心技术与创新能力。西安市通过航空产业链和创新链的交互融合，不断推动区域产业加速向中高端发展。目前，西安市航空基地在培育产业集群、链式协同发展生态系统上，已形成“龙头引领、配套协作”的可持续产业发展模式，西安市已经构建起全国唯一集飞机设计研发、整机制造、部件加工、试飞鉴定、教育培训、会展旅游于一体的航空产业聚集区，航空业总产值不断再创新高。逐步形成了集专用装备制造、航空材料制备、零部件加工、航空服务、教育培训、通用航空、旅游体验等于一体的航空全产业链条。

（十三）山东省青岛市智能家电集群

产业领域和规模。20 世纪 80 年代，海尔等家电品牌诞生，历经 30 余年的发展，青岛市智能家电产业成长为世界级产业集群发展格局。近年来，青岛市开启了从传统家电到智能家电、从被动智能到主动智能、从智能产品到智能生态的转型升级之路。2019 年，青岛智能家电先进制造业集群入选首批山东省“十强”产业“雁阵形”集群库，2021 年成功入选工业和信息化部先进制造业集群。2020 年，青岛市家电产业链规模以上企业实现营收 1935.6 亿元。

核心主体。集群拥有海尔、海信、澳柯玛 3 家龙头骨干企业，20 多家产业链核心企业，2000 多家上下游企业。截至 2021 年 1 月，集群内规模以上企业 600 多家，其中 2020 年新增 50 余家；中小企业 1500 多家，其中 2020 年新增 30 余家，覆盖青岛及胶东经济圈 40 余个工业园区。集群内高新技术企业 1200 余家，占比超过 50%；另有一批国家单项冠军企业、省单项冠军企业、独角兽或准独角兽企业、瞪羚企业及专精特新“小巨人”企业。集群累计上市和挂牌企业近 80 家。其中，上市公司 30 余家，海尔是全球首个在上海、中国香港、法兰克福三地上市的家电企业；挂牌企业 40 余家，上市和挂牌企业数量占全市比重超过 60%，远高于国内其他地区和城市比重水平。

核心技术与创新能力。依托良好的产业基础，青岛持续瞄准高端化、智能化、低碳化以及场景化发展方向，稳定提升传统大家电，重点发展制冷保鲜电器、空气调节电器、衣物洗护电器、新型显示终端、成套厨卫电器，同时大力拓展新兴小家电等新领域。

（十四）广东省广深佛莞智能装备集群

产业领域和规模。广深佛莞智能装备集群是全国规模最大、品类最多、产业链最完整的智能装备产业集聚区，2019 年广深佛莞智能装备产业总产值共计 7000 多亿元，在全广东省占比超过 75%，在全国占比约 10%，产业总体规模居全国前列。在新冠疫情影响下，集群主导产业稳步增长，2020 年前三季度集群主导产业总产值增速 2.92%。

核心主体。集群集聚了一大批掌握自主核心技术、专注于细分领域的智能装备行业单项冠军 20 余家、专精特新"小巨人"企业 60 余家，拥有相关上市企业 80 余家、新三板挂牌企业 50 余家。集群在激光加工设备、智能金融设备、无人机、建材机械等行业具备全球领先水平，如集群内企业的工业激光加工设备全球排名前三、亚洲最大，智能金融设备全球第三，无人机占全球市场的 70%，陶瓷压机占全球市场的 40%。

核心技术与创新能力。广深佛莞智能装备集群将以"产业数字化、技术自主化、立足大湾区、面向全世界"为主线，进一步加强企业创新能力提升和产业链优化完善，在支撑广东省及粤港澳大湾区相关产业高质量发展的同时，不断加强自主品牌建设与全球市场开拓，逐渐形成具备国际影响力的世界级产业集群。

（十五）山东省青岛市轨道交通装备集群

产业领域和规模。青岛市轨道交通产业基础良好，产业规模位居全国前列，2020 年 1—11 月，核心区全产业链产值突破 1000 亿元，同比增长 7%，累计高速动车组整车产量占全国总量的 60%，城轨地铁车辆产量占全国的 25%，实现了全速度等级、全产品谱系和全生命周期的产品平台和服务体系建设，已形成集动车组、城轨车辆、铁路客车、高原客车于一体的完整终端产品结构。

核心主体。青岛市轨道交通装备集群拥有中车系龙头整车制造企业和中车系核心配套企业1家。截至2021年1月，集群产业链上下游企业总数近500家，其中规模以上企业数量超过160家、高新技术企业数量近200家。同时，集群拥有一批单项冠军企业数量及上市和挂牌企业，本地产业配套率超过50%，集聚度超过70%。

核心技术与创新能力。青岛市轨道交通产业创新体系完善，已经构筑起国际先进、国内领先的自主创新体系，拥有国创中心、国家工程实验室等10余个技术研发中心，研发能力居国内前列。

（十六）江苏省常州市新型碳材料集群

产业领域和规模。2008年起，常州市在全国率先布局以碳纤维和石墨烯为代表的新型碳材料产业，经过10余年的发展，已形成了“一核、两区、多基地”的产业空间布局，并在多个细分领域产业规模居全国第一。截至2021年年底，常州市新型碳材料先进制造业集群主导产业产值超过1000亿元，占全国的1/6，石墨烯产业规模全国第一，高端碳纤维制备规模全国第一，碳纤维复合织物市场占有率全国第一。

核心主体。截至2019年年底，拥有企业1800余家，其中规模以上企业300余家、高新技术企业300余家、上市企业50余家，拥有行业单项冠军企业5家，拥有省级科技“小巨人”企业近20家，省级专精特新产品10余种。2020年集群新增企业近200家，新增规模以上企业近30家、高技术企业50余家，3家上市公司、1家新三板挂牌企业，以及5家专精特新“小巨人”企业。

核心技术与创新能力。2020年，常州市政府明确加快全国首家石墨烯创新中心建设，与省产业技术研究院共建“江苏集萃碳纤维及复合材料应用技术研究院”和“石墨烯材料研究所”。集群在石墨烯领域已形成10余项国际先进成果，其中石墨烯粉体和石墨烯透明薄膜两大原材料在工程化制备上率先突破，确立了全国标杆地位；碳纤维复合材料实现高端应用突破，高强高模碳纤维稳定批量生产；集群内企业突破了碳/碳多层全规格自动化织造技术，提高了碳纤维增强复合材料的质量，技术水平全国领先。集群先后与中国科学院、西安交通大学、北京化工大学等50多个院所高校开展合作，累计达成重大产学研合作项目超过500项，柔性引进院士10余名，吸引领军人才100余名。

（十七）广东省深广高端医疗器械集群

产业领域和规模。深圳、广州的医用生物材料、传感器、探测器等关键零部件供应企业高度聚集，形成了“一小时”外协与定制加工供应圈；2019年，该集群产值达到200多亿元，占全国高端医疗器械总产值的40%以上，以自主品牌优、创新能力强和细分领域广为特色的深广医疗器械集群代表了我国高端医疗器械的总体发展水平。

核心主体。深广高端医疗器械集群覆盖500多家高端医疗器械企业，其中有迈瑞、华大等龙头企业，还有20多家国内外上市公司，市值居全国城市之首；除龙头骨干企业引领外，深圳市还培育了一批医疗器械各细分领域“小巨人”企业和制造业单项冠军企业。同时，物流、仓储等第三方供应链企业达到上万家，为畅通上下游企业流通提供强有力支撑。

核心技术与创新能力。深广医疗器械集群在产业核心技术、公共技术以及相应的研发服务配套方面有深厚积累，具备强大的自主创新能力，集群企业在多个细分领域拥有数十个全国及全球创新产品，在高端呼吸机、便携式彩超、化学发光免疫分析仪、左心耳封堵器系统、骨科手术机器人系统、康复机器人核心技术、液体药物调配智能机器人、心血管光学相干影像系统、脱细胞角膜基质产品等核心产品和技术上实现突破。截至 2019 年，深广医疗器械集群拥有国家级创新载体 30 余家。据深广医疗器械集群统计数据，深圳上年度高端医疗器械产业平均研发投入较高；据广州统计数据，广州高端医疗器械产业平均研发投入和集群平均研发投入强度在全国处于领先位置。

（十八）浙江省温州市乐清电气集群

产业领域和规模。乐清电气集群作为浙南地区唯一产值超千亿元的产业集群，是国内电气全产业链发育最完整的区域，占据全国市场份额的 2/3 左右，产品门类覆盖输电、变电、配电等 200 多个系列 6000 多个种类 25000 多种型号，为电力能源、国家智能电网、能源互联网电气、轨道交通电气、航空航天电气等工程建设作出了贡献。

核心主体。集群内共拥有电气企业超过 11000 家，其中规模以上电气企业 1000 余家、超百亿元企业 1 家、超十亿元企业 20 家、超亿元电气企业 170 余家，集群拥有正泰、德力西等一批龙头、骨干企业，800 余家细分领域专业化企业，3000 余家供应链配套能力齐全的中小微企业。集群拥有全国无区域集团 100 余家，以及一批“中国 500 强”企业、“中国民营 500 强”企业、国家单项冠军示范（培育）企业、专精特新“小巨人”企业、省隐形冠军企业、上市和挂牌企业。股权交易中心挂牌企业近 200 家，高新技术企业达 600 余家，智能电气小微园获评为国家级小型微型创业创新示范基地。

核心技术与创新能力。集群企业已经掌握了能源互联网、智能电网等领域关键共性技术；特别是在智能配电电器、5G 专用断路器、物联网通信网络、汽车电器等领域攻克了直流控制与保护、高电压可靠分断、多电源协调控制等关键技术，已达到国际先进水平。集群拥有国家级技术创新载体 10 家，拥有有效发明专利数达数千件。其中，2020 年新增发明专利数授权量超过 800 件。新产品产值率接近 50%；已主导或参与制定国际标准 10 余项、国内标准 800 余项。600 余家企业与一批国内外高校、科研院所形成紧密产学研合作关系，建立了 10 个校地合作新型创新机构，拥有一批院士工作站和博士后工作站。

（十九）四川省成都市软件和信息服务集群

产业领域和规模。2012 年，成都市获批成为全国首批“中国软件名城”，也是中西部唯一的综合型“中国软件名城”。经过多年发展，成都市软件产业已有较为雄厚的基础。成都市经济信息化局提供的数据显示，2020 年，成都市电子信息产业规模首破万亿元，其中软件产业主营业务收入达 5133.7 亿元。

核心主体。集群拥有软件企业近 1800 家，已培育涉软类上市公司 30 余家、新三板挂牌公司 100 余家。骨干企业加速成长，2019 年 4 家企业入围软件、互联网百强，累计 300 余家企业通过 CMMI 认定。集群内大企业通过搭建创业孵化平台和协同创新平台等方式，培育了 100 多家创新型中小企业。全球软件百强企业中多达 20 余家在成都落户，其中数家全球软件 10 强企业在成都落户，包括微软、甲骨文、IBM 等世界级行业领军企业均在成都设立研发中心。

核心技术与创新能力。四川省成都市软件和信息服务集群企业掌握了一批行业前沿技术和关键共性技术，包括大数据与人工智能基础软件核心关键共性技术创新研发。集群在重点领域产品拥有独创性专利和技术，通信保密、电磁防护、网络预警等多项技术实力处于全国领先地位，中国网安多项商用密码产品达到国内首创、国际领先水平。集群内企业平均研发投入强度达 9.72%，位居国内前列，2020 年新登记软件著作权约 7 万件，累计达近 20 万件，创新能力不断提升。主持或参与制定软件相关国家标准 160 余项、软件和信息服务业细分领域行业标准超过 70 项。成都市经济和信息化局数据显示，2020 年成都共计 31 个项目被列入国家专项；软件产业相关国家认定企业技术中心（含分中心）2 个；此外，集群新获批相关产业领域省级工程研究中心（工程实验室）9 个。

（二十）四川省成都市、德阳市高端能源装备集群

产业领域和规模。成都市、德阳市拥有一批在全国乃至世界占有重要一席之地的能源装备制造企业，全国超过 50% 的核电产品和大型电站铸锻件、40% 的水电机组、30% 的火电机组和汽轮机都由德阳制造。成都市、德阳市高端能源装备集群主导产品市场竞争力突出，发电设备产量全球领先，石油钻机出口国内领先，大型轧钢设备产量国内领先，拥有 8 万吨模锻压机、巨型水电装备、10 兆瓦海上风电机组和重型燃气轮机等一批“国之重器”。

核心主体。成都市、德阳市高端能源装备集群已集聚了包括东方电气、国机重装、宏华石油、通威太阳能等龙头企业在内的 2600 多家能源装备企业。东方电气集团、宏华集团、通威太阳能等大型企业通过协同创新等方式，带动促进产业链中小企业发展，集群初步形成了良好的融通发展格局。

核心技术与创新能力。截至2021年年底，集群企业合计攻克了400余项关键核心技术，一批达到国际先进水平。超过20项技术国内领先，100余项重大技术装备获得国家、省首台（套）认定，创新能力大幅提升。集群现有国家创新载体和省级技术创新载体均超过10家，参与制定一批国际标准和国家标准。此外，集群鼓励企业搭建创新平台，加大孵化载体培育力度，建成一批科技企业孵化器和众创空间，孵化场地40余万平方米，在孵企业超过800个。

（二十一）小结

根据前文的分析，可知我国已在先进制造业集群培育方面取得重要进展，初步形成了具有竞争力的集群。从产业领域来看，我国不仅在新材料、生物医药、新一代信息技术等新兴领域占据优势，在家电、工程机械、电子电气等传统领域也取得新的突破。我国先进制造业集群有以下4个特点。

第一，集聚效应显著。从20家集群的情况来看，我国先进制造业集群在新材料、生物医药、高端装备、电子电气、智能终端、新一代信息技术等领域形成了一批有实力的产业集群。这些集群在龙头企业及产业规模、创新能力及创新资源等方面集聚效应显著。例如，集群一般拥有2家以上国内外龙头企业，企业数量一般在1000家以上，掌握本领域关键技术及共性技术，集聚本领域创新人才、创新平台、高新技术企业等一大批创新资源。

第二，龙头企业引领。在20家先进制造业集群中，大部分集群龙头企业实力较强，引领作用突出。其中，一些集群聚集了本领域主要产业节点的龙头企业。例如，深圳市新一代信息通信集群不仅拥有华为、中兴等新一代通信领域龙头企业，还拥有海思半导体等集成电路设计龙头企业、腾讯及商汤科技等人工智能龙头企业等。在工程机械集群中，长沙和徐州 2 个工程机械集群分别拥有三一集团、中联重科、铁建重工及徐工集团、卡特彼勒等龙头企业。

第三，创新能力凸显。苏州纳米新材料集群掌握了本领域关键技术和共性技术，在高质量氮化镓衬底材料、大尺寸硅基外延技术、高功率密度芯片工艺方面处于国际领先地位。上海市张江生物医药集群拥有中科院药物所、国家新药安评中心、张江药物实验室、蛋白质设施等 30 多家重大科技基础设施和国家战略科技力量，培育的一类新药上市数量占全国近 1/3。深广医疗器械集群在高端呼吸机、便携式彩超、骨科手术机器人系统、液体药物调配智能机器人等核心产品和技术上实现了突破。

第四，规模效应突出。一些集群不仅聚集了本领域各类企业，集群的规模效应也较为突出。例如，深圳市新一代信息通信集群 2020 年产业规模已达到 2.8 万亿元，形成了全球最完备、响应速度最快的电子信息产业体系。广佛惠超高清视频和智能家电集群企业数量超过 7000 家，主导产业产值达 9000 亿元。南京市软件和信息服务集群企业数量达 1.5 万家以上，2021 年产值已超过 7000 亿元。张江生物医药集群集聚了 1400 余家生物医药创新主体及近 7 万名生物医药从业人员，2021 年产业规模达 2700 亿元。

三、典型先进制造业集群案例分析

根据我国先进制造业集群的整体发展情况，本书研究团队选取了深圳市先进电池材料、宁波市磁性材料、杭州市数字安防、无锡市物联网、合肥市智能语音5家代表性产业集群开展了系统调研，与政府主管部门、集群促进组织、龙头企业等主体进行了现场交流。调研发现，深圳市先进电池材料产业集群属于新材料、新能源汽车产业，是国内具有代表性、具备世界级集群潜力的先进制造业集群；杭州市数字安防产业集群和合肥市智能语音产业集群同属人工智能产业，分别具有龙头企业引领和著名高校、国家级科研院所支撑的特征；宁波市磁性材料产业集群属于新材料领域的特定行业，发展潜力大，但规模效应尚不突出；无锡市物联网产业集群由国家战略导向引导，是特定区域构建先进制造业集群的典型案例。基于调研情况，本节对5个典型先进制造业集群进行案例分析，进一步分析总结我国先进制造业集群的发展经验。

（一）深圳市先进电池材料产业集群

先进电池材料是深圳七大战略性新兴产业之一新材料的重要组成部分，深圳先进电池材料产业集群在我国动力电池产业中处于引领地位。

1. 产业集群基本情况

质量规模。深圳市作为我国电池材料产业的策源地和国内锂离子电池产业的核心引擎，前期在消费类电子和动力电池方面积累了雄厚的产业创新技术，实现了动力电池技术和相关产业的跨越式发展，已在电池及其关键材料、电池回收、氢燃料电池、储能应用、装备制造等产业链占据领军龙头地位。深圳市先进电池材料产业集群作为工业和信息化部首批决赛优胜产业集群之一，汇聚企业超过1200家，总产值超过5700

亿元，电池及材料产业产值居全国首位，其中上市企业46家、高新技术企业106家、规模以上企业1000家，已建设国家级技术创新载体11家，省级技术创新载体超过47家。深圳先进电池材料产业集群成员单位超过200家，集群产业从业人员超过10万人，集群企业研发总投入达到146亿元。

核心企业。在深圳市先进电池材料产业集群内涌现出一批龙头企业、单项冠军和专精特新“小巨人”企业，例如贝特瑞是全球最大的锂电池负极材料生产商，德方纳米、新宙邦、星源材质分别是锂电池正极材料、电解液、隔膜材料的国内龙头企业，赢合科技、先导科技有限公司是国内锂电生产设备头部供应商。同时，以深圳先进电池材料为产业核心，辐射带动粤港澳大湾区、福建、湖南、浙江、北京等广大区域，诞生了一大批优秀的先进电池与材料企业，包括东莞ATL、广东光华、广汽时代、鹏辉、东莞凯金、惠州亿纬锂能、珠海泰坦新动力、珠海冠宇、宁德时代等一大批行业内头部优秀企业，其发展均离不开先进电池材料产业集群的支撑和带动作用。

核心技术。先进电池材料集群已形成完善的先进电池材料产业技术体系。锂离子电池生产及技术从正负极材料、隔膜、电解液等电池关键材料，到电芯和电池模组生产装备、制造，再到后端新能源汽车、消费类电池、储能市场的应用开发、电池回收等，产业链上下游产业技术完善。氢燃料电池生产及技术从上游制氢到下游氢燃料电池汽车产业链完整，氢燃料电池关键核心零部件已满足新能源汽车和储能产业发展需求，系统及电堆已经实现示范应用，达到国际先进水平。集群龙头企业加大研发力度，相继推出创新技术产品，涌现出一批国际领先水平的产业技术。比亚迪弗迪电池的刀片电池技术、CATL的CTP技术等先进电池制造和系统集成技术，一方面大幅改善了电池包的安全性，另一方面提升了电动汽车的续航里程。

发展趋势。近年来，全球消费电子、新能源汽车、电化学储能市场发展迅速，电池制造产业迎来发展的绝佳机遇期。先进电池材料产业尤其是锂电池产业持续高速发展，到2025年锂离子电池市场需求将从2018年的374亿美元增至980亿美元，全产业链将超过1500亿美元。深圳先进电池材料产业集群已经形成了完善的先进电池与材料产业链，建立了锂电池从正负极材料、隔膜、电解液等电池关键材料生产，到电芯和电池模组生产装备、制造，再到后端新能源汽车、消费类电池、储能市场的应用开发、电池回收再利用等产业链上下游配套体系。

2. 集群培育与发展

政策支持。为加快培育和发展先进电池材料产业集群，深圳市先后出台了《深圳市人民政府关于发展壮大战略性新兴产业集群和培育发展未来产业的意见》《深圳市培育发展新能源产业集群行动计划（2022—2025年）》[①] 等一系列政策措施，大力推动先进电池材料产业集群的发展。深圳以粤港澳大湾区建设为契机，增强产业核心功能和制造能级，提升集群参与全球资源配置和产业分工合作的水平。为先进电池材料产业集群建设提供相应的资金配套支持和政策保障。由深圳市清新电源研究院主导的“新能源汽车行业产业服务体系建设”项目，获批深圳市工业和信息化局2020年度绿色低碳产业扶持计划300万元经费支持。深圳市工业和信息化局2021年度新兴产业扶持计划中明确配套支持深圳市相关单位牵头的先进制造业集群项目，按照项目中相关国家、省资助

① “深圳市培育发展新能源产业集群行动计划（2022—2025年）”，国研网2022年6月7日，http://sjk14.e-library.com.cn/DRCNet.Mirror.Documents.Web/DocSummary.aspx?docid=6487198&leafid=18542。

实际到账金额 1 ∶ 1 予以配套。健全先进电池材料产业集群创新生态系统，围绕集群功能定位推动产业链科学合理布局，促进产业、技术、人才、资本等要素集聚，探索创新集群治理机制，协同推进产业集群转型升级和提质增效。

核心产业发展。20 世纪 80 年代末，深圳依托电子信息产业的发展，电池材料产业迅猛崛起，从最早为消费类电子产品配套，凭借原材料和劳动力成本优势做代工（OEM），逐步向新能源汽车动力电池、储能电池等领域发展，并迅速在电池领域建立了产业基础。2009 年，深圳率先在全国推广新能源汽车示范应用，伴随着新能源汽车大规模投入市场，电池材料的产业规模和水平不断扩大提升，由此引导了区域内电池上下游企业向动力电池产业发展。随着新能源汽车产业发展加速，深圳先进电池材料集群已形成从关键材料生产、电池模组装备、锂电开发制造到电池回收再利用基本自主可控的完整产业链闭环。

人才培育。深圳市人才总量超过 600 万人，其中高层次人才 1.7 万人、留学回国人员超过 14 万人，累计引进创新团队 96 个，“千人计划” 208 人。深圳市先进电池材料集群汇聚了一批著名高校和科研机构，如清华大学、北京大学、中科院先进技术研究院、哈尔滨工业大学等，强化集群人才培养力量。先进电池材料集群依托粤港澳大湾区的人才政策吸引国内外高层次人才，每年吸引博士后、行业领军人才、孔雀团队、院士团队等高层次人才超过 1000 人，吸引了如诺贝尔奖获得者吉野彰教授和 Andre Geim 教授、康飞宇教授、陈立泉院士、成会明院士、陈军院士、南策文院士、孙逢春院士、王海江院士等从事相关技术的交流和持续创新工作。

产学研合作。依托深圳市先进电池材料集群成员间的产业项目合作，集群在先进电池材料全产业链积累储备了一系列具有国际领先的共性和关键产业化技术。持续的产学研合作也获得了国家和行业的认可，由清华康飞宇团队开发的“高性能锂离子电池用石墨和石墨烯材料”荣获国家技术发明二等奖。相关专利技术成果已在翔丰华等单位实现了规模化生产和应用。相关产品与技术已应用于CATL、比亚迪、ATL等国内锂电龙头企业和美国加利福尼亚州锂电池公司。比亚迪主导完成的“磷酸铁锂动力电池制造及其应用过程关键技术”和格林美主导完成的“电子废弃物绿色循环关键技术及产业化”项目均荣获国家科学技术进步二等奖。

3. 经验与启示

一是建立集群网络化枢纽，深化跨界协作机制。深圳市先进电池材料产业集群通过建立网络化协作机制，实现跨主体、跨组织、跨领域、跨区域的全方位网络化协作，将企业、大学及研究机构、政府部门、金融机构、中介组织等主体依据专业化分工和协作关系形成产业集群网络化发展命运共同体，为集群内部协作网络以及“超越集群”的合作网络等综合构建和协作创新提供枢纽机制，进而为培育世界级先进电池材料产业集群提供重要条件。深圳先进电池材料产业集群通过设立集群区域协同中心，积极与粤港澳大湾区、福建、长三角三大区域相关集群等社会组织开展多层次交流合作，包括中国化学与物理电源行业协会、中国电子节能技术协会、中关村石墨烯产业联盟、深圳新一代信息通信产业集群等。以集群为核心打造竞争合作型的社会组织网络，进而构造出一个世界级的协同创新生态群。基于集群的组织形式为案例范本，集群发展促进机构正积极配合参与广东省“双十”战略性产业集群建设，重点打造一个支撑粤港澳大湾区新能源汽车产业集群发展的科技服务平台，参与筹建的“广东省大湾区新能源汽车产业技术创新联盟”已正式获得广东省科技厅批准建设。

二是开展公共服务网络化协作，提高科技服务水平。深圳市先进电池材料产业集群大力推动产业向数字化、网络化、智能化转型升级，推动互联网、大数据、人工智能、公共服务与制造业深度融合。通过建设工业互联网基础设施，支持集群企业运用工业互联网新技术和新模式。促进集群单位开展公共服务平台项目建设9项，建设集群数字化信息服务平台，提升集群网络合作效率。依托工业和信息化部工业节能与绿色发展评价中心，开展相关节能与绿色服务15次，作为节能诊断服务机构入选工业和信息化部《2020年度首批工业节能诊断服务任务清单》①。已联合发布5项国际标准和10余项国家地方标准，在研和参与制修订标准超过30项。集群发展促进机构积极参与建设清华大学深圳国际研究生院材料与器件检测技术中心、深圳石墨烯创新中心检测平台、福建永安市永清石墨烯研究院检测技术中心，与深圳普瑞赛思检测技术有限公司、深圳市计量质量检测研究院、深圳市大型科学仪器共享平台等单位深度合作。目前所汇聚的集群检测分析认证服务机构设备资产超过10亿元。以集群公共服务平台的开放合作理念和运作模式为基础，将这些资源进行合理定位和资源配置，已经初步形成了服务于全产业链"标准—检测—计量—评价—认证"一条龙全国性服务网络平台。一方面提升了大型仪器装置的使用效率，另一方面为集群技术和产品研发保驾护航，提供质量保障，从而整体上提升了集群的科技服务水平。

三是强化产学研合作成果示范，加快关键技术协同创新。深圳市先进电池材料产业集群围绕高比能/高安全储能材料制备技术、动力电池及其系统集成、氢燃料电池前沿关键技术、固态电池产业化核心技术、

① "2020年度首批工业节能诊断服务任务清单"，中国政府网2020年5月26日，https://www.miit.gov.cn/cms_files/filemanager/oldfile/miit/n1146285/n1146352/n3054355/n3057542/n3057545/c8055903/part/8055909.pdf。

废旧动力电池绿色高效回收技术五大重点方向，以龙头企业为牵引，积极协调统筹集群相关单位开展关键技术产学研协同创新。已开展实体项目建设 7 项，承担国家、省市级重点项目 10 余项，促进企业高校间产学研合作 20 余项。开展“退役磷酸铁锂电池全组分绿色回收与高值化利用技术及装备研发”“固态动力电池系统研发及产业化”等产业重点研发计划项目，促进产业关键技术突破，两个项目投入累计 2.25 亿元。开展工业和信息化部“强基一条龙”，深圳市工信局“创新链 + 产业链”等产业链条重点强链补链项目，促进产业结构优化。其中，“锂离子电池 Pack 智能制造生产线的自主研发及应用”“200Wh/kg 动力电池系统的研发及产业化”和“报废新能源汽车动力电池生态产业链项目”3 个双链项目形成了从基础原材料到电池智能制造再到报废动力电池回收完整闭环的产业链协作。

（二）浙江省宁波市磁性材料产业集群

宁波是全国磁性材料产业创新高地和全球重要的磁性材料生产和应用基地，宁波磁材料产业一直以来都走在全国前列，磁性材料产业集群成功入选工业和信息化部公布的 45 个先进制造业集群榜单。

1. 产业集群基本情况

质量规模。1986 年三环宁波磁厂的成立奠定了我国烧结钕铁硼产业发展的基石，经过 30 余年的发展，宁波市已经成为全球最大的稀土永磁生产基地。目前我国磁性材料产量已占全球的 80%，而宁波就贡献了全国稀土永磁材料总产量的 38.9%，已成为全球磁性材料制造和应用的重要基地。2020 年，宁波 86 家规模以上稀土磁性材料企业完成工业产值 183.4 亿元，同比增长 26.4%，实现利润 11.7 亿元，同比增长 34.9%，稀土永磁产量位居全国城市首位。2021 年，宁波的磁性材料产业规模以上企业达 125 家，稀土永磁产业工业总产值 324.4 亿元，比 2020 年大幅增长 71%。2021 年出口交货值为 44.1 亿元，增长 71%；营业收入 337 亿元，增长 58.6%，利税总额为 33.27 亿元，比 2020 年增长高达 106.6%。2022 年前三季度，宁波磁性材料产业完成产值 355.96 亿元，同比增长 51.97%，是宁波增速较快的产业之一。宁波目前聚集了中国约 22% 的稀土磁性材料制造企业，已形成稀土金属加工、熔炼、制粉、成型、烧结、机加工及电镀等完备的磁性材料制造体系。

核心企业。宁波磁性材料产业有着 30 多年的发展积累，目前产业集聚明显，汇聚了稀土冶炼、磁体生产和下游应用等上千家企业，其中有全国最早的烧结钕铁硼磁材生产企业科宁达、最大的钐钴磁体生产企业宁港永磁、最大的铈磁体生产企业复能新材料。近年来，宁波已先后引进、孵化了镝扬科技、赉晟新材料、中科装备等多家创新型企业，并在磁悬浮电机、磁材装备、弹性电子材料与器件等方面完成了提前布局。同时，以科田磁业为代表的宁波企业不断加快自动化、数字化改造，加快迈出高质量发展的步伐。宁波磁性材料龙头企业韵升股份的磁性元器件入选国家级“单项冠军”产品；科田磁业的钕铁硼永磁材料成功入选工业和信息化部第五批绿色产品；宁港永磁、松科磁材、菲仕电机等企业入选国家专精特新“小巨人”企业。另外，复能的新型铈磁体材料、科宁达的钕铁硼、韵升的高品质烧结钕铁硼、宁港的钐钴永磁材料、金鸡的热压辐射环等新型稀土永磁材料已逐渐成为宁波稀土磁性材料产业的主力军。

核心技术。2020 年以来，宁波市围绕磁性材料产业链上的“卡脖子”问题，选择突破一批标志性技术，补齐软磁材料和新型磁材、前沿磁材和磁性器件产业短板，强化科技硬核支撑。帮助企业在关键核心技术上实现突破，引导磁性材料企业向产业链上游延伸。同时，鼓励和支持企业以合作开发、合作开办科研机构等形式，与国内外知名高校、科研机构开展宽领域、多层次、全方位的联合，加快科技成果的转化。宁波磁性材料产业相关企业已累计申请发明专利 2370 件，实用新型专利 1986 件，其中有效专利 1844 件，占全国磁产业专利总量的 42.3%。

发展趋势。未来，宁波市将继续做好强链工作，重点从磁性能、表面防护技术等多个方面巩固优势地位，提升磁体产品竞争力，并将永磁电机作为未来引领磁性材料产业链发展的重要引擎；在补链方面，将引进一批磁材制造关键装备、突破一批新型磁性材料产业化制造技术、提前布局一批前沿磁性材料及器件；在延链方面，将深化磁性材料的本地应用推广，促进磁性材料制造业与下游应用产业的配套。“十四五”时期，宁波将力争稀土磁性材料产业规模实现倍增，打造具有标志性的稀土磁性材料产业链，建设具有国际领先水平的磁性材料先进制造业集群。

2. 产业集群培育与发展

政策支持。宁波市磁性材料产业集群的快速发展离不开政府的高度重视。磁性材料等新材料产业是宁波“246”万千亿元级产业集群的重要组成部分。2018 年，浙江省磁性材料应用技术制造业创新中心落户宁波。2020 年，宁波制定《宁波市稀土磁性材料产业集群高质量发展行动计划（2020—2022）》[①]，明确以实施重大项目建设、培育领军企业、提高创新能力、建设人才梯队等为重点工作，打造具有国际一流水

① “关于印发《宁波市稀土磁性材料产业集群高质量发展行动计划（2020—2022）》的通知”，宁波市人民政府网 2020 年 6 月 17 日，http://www.ningbo.gov.cn/art/2020/6/17/art_1229096009_3695072.html。

平的先进制造业产业集群。2021 年 7 月，《宁波市新材料产业集群发展规划（2021—2025）》[①] 提出，要重点发展集成电路用大尺寸硅片及外延片，氮化镓、碳化硅、氧化锌等宽禁带第三代半导体材料，在部分细分领域达到国际先进水平。

核心产业发展。宁波已初步形成统筹联动空间布局，北仑、鄞州、奉化、慈溪等区域作为稀土磁性中科院宁波材料产业化基地，重点发展钕铁硼永磁材料制造加工产业，促进全市稀土永磁产业集聚发展；镇海区以中科院宁波材料所为产业创新源头，重点开展新型磁性材料制造技术研发与应用、产业公共服务活动、产业服务平台等，为产业发展提供技术、测试等服务支撑；杭州湾新区作为工程化基地，依托中科院宁波材料所杭州湾研究院，重点引进世界级顶尖人才团队引领的产业技术研究与工程化项目，形成新的增长极；其他县（市、区）加强磁性材料的下游应用市场培育发展，为产业壮大创造广阔空间。

人才培育。宁波拥有中科院宁波材料所、兵科院宁波分院 2 家国家级科研机构和新材料国际创新中心、天津大学浙江研究院、西北工业大学宁波研究院等 20 多家高能级产业技术研究院，建有磁性材料等 5 家国家级重点实验室（工程实验室、工程研究中心）、国家新材料测试评价平台浙江区域中心和石墨烯、磁性材料 2 个省级制造业创新中心。2020 年，宁波市先后引进由钢铁研究总院李卫院士、中科院物理研究所沈保根院士领衔的国内磁性材料产业顶尖科学家团队。中科院宁波材料所与钢铁研究总院共建的稀土永磁联合创新中心，围绕高性能稀土永磁材料（器件）以及稀土资源的核心科学问题、关键技术问题开展全链条创新研究，同时推进科研成果的产业转化和实施。目前，宁波磁性材

---

① “关于印发《宁波市新材料产业集群发展规划（2021—2025）》的通知”，宁波市人民政府网 2021 年 7 月 27 日，http://www.ningbo.gov.cn/art/2021/7/27/art_1229096009_3756210.html。

料产业集群已拥有稀土永磁材料与应用技术国家工程实验室、国家磁性材料科技创新服务平台等 10 个国家级创新创业平台，浙江省磁性材料制造业创新中心等 8 个省级创新创业平台以及 2 个国家级工程技术中心，承担国家“863”、“973”和工业和信息化部稀土专项等国家重大战略任务 8 项，获得国家科技进步奖 2 项。

产学研合作。磁材产业基础的垒砌并非一朝一夕。2004 年，中国科学院在浙江布局建立首家国家级研究机构中国科学院宁波材料技术与工程研究所。面向磁材产业对科技的需求，宁波材料所成立了磁性材料事业部，2010 年建立了中国科学院磁性材料与器件重点实验室，从海外引进一批高端科技人才，建成“设计—制备—工程化”技术链，打通从基础研究到产业化的通道，研制出国际领先的系列高综合性能永磁、软磁和磁电子材料，与宁波几十家磁性材料企业开展合作，提升企业产品竞争力，同时帮助企业培养工程化关键人才，有力地支撑和引领宁波磁性材料产业的快速发展。

应用场景开发。宁波磁性材料产业要以高性能磁性材料为主，带动了下游相对薄弱的宁波电机企业产品升级；依靠集群展厅及创新平台组织的各类磁性材料科普活动，普及了相关领域知识，宣传了宁波磁性材料产业集群，为集群企业开拓市场提供了更多的发展机会；国际合作交流活动则推进了企业利用全球智力提高集群企业技术和产业水平，使产业升级“直达”金字塔尖；组织各类人才交流活动，引进院士团队支撑集群发展，邀请业内顶级专家培训高级技术人员，提高了集群整体创新水平。

3. 经验与启示

一是科技创新供给有突破。近几年来，宁波市共立项支持新材料领域“科技创新2025”重大专项124项，占总立项数的35.0%，财政补助总额达6.92亿元。项目集中在高分子材料、磁性材料、金属材料、先进电子材料等领域，研发成果广泛应用于绿色化工、汽车零部件、高端模具、集成电路等“246”产业领域。如东方电缆的“光电复合海缆”、长阳科技的“膜材料”、伏尔肯的“动密封陶瓷材料”、江丰电子的“超高纯铜材”等项目，突破了国外的技术封锁和垄断，极大提升了新材料产业的竞争力和影响力。同时，新材料领域的研发投入和产出不断提升，2020年新材料产业规模以上工业研发费用占营业收入比重2.00%，较上年提升0.04个百分点，近3年来共有58项新材料领域成果获科技奖项，其中国家级3项、省级12项、市级43项。

二是创新主体培育有梯次。企业主体梯队方面，新材料领域有国家高新技术企业392家，其中国家级单项冠军企业17家，浙江舜宇光学有限公司、万华化学（宁波）有限公司等5家企业入选浙江省新材料高新技术企业10强，上市企业达19家，涌现了万华、博威、金田、激智、金瑞泓、江丰电子等一批细分领域龙头企业。企业创新载体方面，新材料领域拥有8家国家企业技术中心、15家省级重点企业研究院、79家省级企业研究开发中心。同时，已建成市级及以上产业创新服务综合体9家、科技孵化机构26家、知识产权服务机构20家，初步形成了“众创空间—科技企业孵化器—科技企业加速器—产业创新服务综合体”全链条孵化体系。

三是创新资源集聚有效应。创新载体方面，目前市级以上重点实验室达25家，其中国家级重点实验室（工程实验室、工程研究中心）达5家，省级制造业创新中心2家。建成中科院宁波材料所、兵科院宁波分院、西北工大宁波研究院等24家产业技术研究院，逐步成为高端创新资源的蓄水池。创新人才方面，全市新材料产业从业人员约6.5万人，其中研发人员约7000人、技能人员约2.2万人，累计吸引集聚薛群基院士、柴之芳院士、黄维院士等7位两院院士，237名高层次人才和72个高端创业创新团队。

（三）浙江省杭州市数字安防产业集群

杭州是浙江省数字经济发展的核心区域，亦是全国数字安防产业的重要聚集区。杭州数字安防产业集群以数字安防产业为基点，在聚焦高端数字安防制造，全力突破高端芯片制造，发展关键器件的同时，不断延伸产业链条，积极培育新产品新业态，并力求实现视觉智能产业跃升，形成以视频监控、工业视觉、虚拟现实、自动驾驶等七大领域为核心的"中国视谷"。

1. 产业集群基本情况

质量规模。杭州市作为全国数字安防产业发展的核心区，已创建有国家先进制造业集群、国家电子信息（物联网）产业示范基地、国家级战略性新兴产业集群、国家创新型产业集群试点（数字安防产业）等国家级试点示范。2021年，杭州数字安防核心产业产值约2720.8亿元，同比增长17.2%。核心领域视频监控规模全球领先，DVR、NVR、摄像机等产销量包揽全球市场前2名，海康威视、大华股份和宇视科技全球视频监控设备市场占有率分别位列第1位、第2位、第4位，全球市场整体占有率约50%。

核心企业。龙头企业是数字安防产业集群发展的引领者，作为全球安防企业标杆，海康威视、大华股份、宇视科技等龙头企业为杭州市数字安防产业的发展贡献了核心力量。在龙头企业的牵引带动下，集群形成了以海康威视、新华三、大华股份、阿里云和宇视科技等龙头企业为引领，大中小企业融通互动的发展格局。在关键控制芯片设计和研发、RFID、传感器、终端设备制造以及相关运营业务等产业链关键环节涌现了大立科技、博雅鸿图、银江技术、当虹科技等“单项冠军”，以及钱昌科技、长川科技、英飞特、麦乐克科技等9家专精特新“小巨人”企业。

核心技术。杭州市数字安防产业经过多年研发投入与技术积累，整体技术达到国际先进水平。在文字识别、生物识别、多维感知技术、感知数据融合处理技术、大数据存储和分析技术、IP城域级监控系统、依赖海量训练数据的机器视觉等技术领域领先，新增发明专利授权量4024件，企业共实施国家重点研发计划、科技创新2030重大项目和国家科技重大专项27项，3项成果获2019年国家技术发明二等奖和国家科技进步二等奖。宇视媒体流可靠传输接收方法获第23届中国专利金奖，云存储方案获浙江省2021年科技进步一等奖。海康威视、大华股份、宇视科技、新华三、当虹科技、银江技术、博雅鸿图等10家集群企业，在政府和促进机构的组织下开展了4个公共服务平台项目和14个实体项目的“攻坚突围战”，取得“卡脖子”技术攻关成果5个，申请/获得专利78个。

发展趋势。杭州数字安防核心产业力图将数字安防技术与企业数字化、智能化转型进程相融合，不断加速数字安防技术向工业制造、医疗诊断、智能驾驶等多领域、多应用场景渗透，不断加快打造数字安防“未来工厂”。近两年来，集群共实施智能化技术改造项目43个，投资额13.04亿元，形成了海康威视智能工厂、大华智慧物联网产业园等国家试点示范项目17个，2家企业成为首批认定省级“未来工厂”，数字安防产业大脑入选全省首批产业大脑“揭榜挂帅”项目。

2. 产业集群培育与发展

政策支持。为支持产业集群发展，浙江省经济和信息化厅印发了《浙江省培育建设数字工厂试行方案》[①]，明确聚焦云计算、大数据、人工智能、物联网、区块链、虚拟现实等新兴领域，以及数字安防、高端软件、集成电路、网络通信、智能计算等标志性产业链和产业集群，开展数字工厂建设试点工作。杭州市数字经济发展工作领导小组办公室印发了《杭州“中国视谷”建设方案》，明确“以数字安防为基点，向视觉智能产业跃升”的主线路径，并明确将重点发展数字安防、工业视觉、自动驾驶、医学影像、虚拟现实、新一代视频会议终端、数字文娱（智能家居）7 个领域。同时，杭州市起草印发了《2022 年“中国视谷”建设工作任务清单》，积极推动“中国视谷”实体化落地。

核心产业发展。浙江全省共有数字安防规模以上企业 460 家，其中年营收超过 100 亿元的企业 4 家、超过 50 亿元的企业 5 家、单项冠军企业 11 家，全省数字安防领域新增专利 4000 余件，位居全国第一。浙江数字安防产业正形成以杭州为核心，宁波、温州、嘉兴、绍兴等地协同发展的产业布局，并形成了覆盖上游算法、芯片、传感器，中游前端摄像机、后端存储录像设备、中控显示设备，以及下游系统集成、云平台、运营业务的完整数字安防产业链体系。同时，龙头企业引领下，数字安防产业创新生态正不断扩张和发展。海康威视、大华股份、宇视科技已成为全球安防企业标杆，海康威视连续 9 年位居全球安防企业排行榜首位，2021 年实现营收 813.01 亿元，同比增长 28%，大华股份、宇视科技分别位列第 2 位和第 6 位。新华三作为全球第二大企业存储系统

① “浙江省经济和信息化厅关于印发浙江省培育建设数字工厂试行方案的通知”，浙江省经济和信息化厅网站 2022 年 3 月 15 日，https://jxt.zj.gov.cn/art/2022/3/17/art_1582899_23439.html。

供应商，约占全球市场份额的17%。龙头企业引领下，杭州数字安防产业技术不断深化、行业集中度不断上升，从产品到解决方案都在竞争中占据优势。杭州数字安防领域在技术创新、产品开发、行业应用等方面正不断触及国际领先水平。预计到2025年，杭州数字安防及相关产业产值规模达到3500亿元，将成为全球数字安防产业中心。

人才培育。截至2021年年底，杭州市人才总量达到306万人（其中数字经济人才214.2万人），人才净流入率、互联网人才净流入率保持全国第一。2021年，数字经济高层次人才认定7700人。杭州市数字安防产业形成了“三个一批”的人才队伍，即一批院士专家，全市有潘云鹤、高文等数字安防相关领域院士20人；一批企业家，拥有以陈宗年、傅利泉等为代表的一批具有国际化视野和较强管理能力的企业家；一批具有较强创新创业能力的领军人才，有27个团队入选省级创新创业团队，国家级和省级领军人才分别有34人和125人。

产学研合作。浙江以杭州为核心，率先打造了以视觉智能产业为重点、以数据共享和场景开放为关键、以万亿元级为体量、以多级联动为路径的国家经济地理新地标“中国视谷”，并依托杭州视觉智能（数字安防）产业集群建立了由企业、高校、科研院所和公共服务机构组成的产学研合作互动的创新生态。海康威视视频感知、阿里云城市大脑两个国家新一代人工智能开放创新平台以及浙江大学“智海”人工智能平台、之江实验室天枢人工智能开源开放平台为视觉技术的广泛应用提供了“加速器”。同时，北京大学信息技术高等研究院作为杭州数字安防产业集群发展促进机构，积极牵头和参与《浙江省数字安防产业链标准体系建设指南2021》《杭州“中国视谷”建设方案》等方案的编制，连续两年出版《浙江省数字安防产业发展白皮书》。在加快关键技术攻关、产学研协作、重大创新载体建设方面，产学研合作亦发挥了巨大促进作用。杭州围绕高文院士团队的数字视网膜芯片以及其他院士专家的产业创新或关键核心技术等进行战略布局，携手龙头企业共建联合实验室，建设智能工厂、未来工厂，并联合各大高校培养行业专项人才。

应用场景开发。随着数字技术的发展和融合应用，数字安防技术正不断向工业视觉、自动驾驶、医学影像、虚拟现实、新一代视频会议终端、数字文娱等领域和新型应用场景融合渗透。例如，在数字安防产业大脑项目的应用和赋能下，数字安防技术促进了跨领域、跨产业的应用场景开发和产业融合。目前，数字安防产业大脑着力打造产业链数据中心、公共服务平台和视觉智能开放平台，已初步建设完成产业地图、产业链图谱、数字安防招投标、视觉解决方案集中推广、数字安防项目信息、行业知识库、资讯服务、上市公司动态、政策服务和国际态势等10个应用场景，并与龙头企业探讨明确重点建设“1+4+N”典型应用场景，在“1+4”应用框架下与集群企业围绕用户体系打通、供应链数据共享、核心解决方案发布等开展合作共建。

3. 经验与启示

一是不断强化政府引导作用，推动产业发展规划先行。浙江省和杭州市政府均高度重视数字安防产业发展。2021年，杭州市发布了《杭州市人工智能产业发展“十四五”规划》《“中国视谷”建设方案》等重要文件，以视觉智能产业跃升为发展主线，围绕视频监控、工业视觉、自动驾驶、医学影像、虚拟现实、新一代视频会议终端和数字文娱七大领域，积极攻关高端芯片、算法等关键核心技术，突破图像传感器等关键零部件制造环节，推动数字安防产业向高端化、智能化迈进。2022年发布的《浙江省培育建设数字工厂试行方案》中亦明确，要聚焦云计算、大数据、人工智能、物联网、区块链、虚拟现实等新兴领域，发展数字安防等标志性产业链和产业集群。政府规划和产业政策的引导和支持为杭州数字安防产业的发展提供了政策基础和良好的发展预期，政策规划的及时性、前瞻性亦为未来数字安防产业提供了指导和发展方向。

二是依托龙头企业引领作用，积极打造创新产业生态。杭州数字安防产业已形成由海康威视、大华股份、宇视科技、大立科技等龙头企业引领，大中小企业融通互动发展的产业格局。2020 年，杭州数字安防产业集群成功入围工业和信息化部产业集群，集群规模以上企业 574 家，集群上市和挂牌企业 205 家，已成为具备全球竞争力的数字安防产业集群，呈现出“全球安防看中国，中国安防看杭州”的产业发展格局。杭州数字安防龙头企业主要集中于终端产品环节，具有较强的引领带动作用。从杭州的发展实践看，当虹科技、虹软科技、商汤科技等算法企业，博雅鸿图、平头哥、士兰微、矽力杰、国芯科技、联芸科技、杰华特、瑞盟科技等芯片设计与研发企业，与产业链中游的海康威视、大华股份、宇视科技以及下游集成服务的银江股份等企业之间配合密切，形成了网络化协作的数字安防产业生态系统。以龙头企业为引领，以数字安防技术的互动合作和融合应用为主线，不断推动整个产业创新生态系统的发展和技术体系完善，是杭州数字安防产业发展进程中的重要经验。

三是积极推动政产学研合作，形成产业创新合力。为促进杭州数字安防产业集群发展壮大，浙江省采用校院企地共建模式，联合高等院校建立了多所集群促进机构，其中北京大学信息技术高等研究院在 2020 年牵头组织集群内 10 家产业链关键环节重点企业编制了“一链一团一方案”和“五图五清单”，全面推动视觉智能相关产业战略布局和规划实施，在视觉智能产业链提升、标准体系建设、实体项目攻关、产业大脑建设、融媒体宣传等方面取得了显著成效。同时，海康威视视频感知、阿里云城市大脑 2 个国家新一代人工智能开放创新平台以及浙江大学“智海”人工智能平台、之江实验室天枢人工智能开源开放平台等产学研创新平台的建立，亦为杭州数字安防产业集群发展提供了技术支持和创新基础。积极推动政产学研多元主体参与、互动的产业创新生态系统发展，促进生态化、网络化的创新活动开展是杭州数字安防产业集群发展进程的重要经验。

（四）江苏省无锡市物联网产业集群

在工业和信息化部和江苏省政府的直接指导和推动下，无锡市迅速落实国家和省有关部署，集中资源、统一规划，突出重点、整体推进，以构建集技术创新、产业化和市场化应用于一体的物联网产业体系为重点，大力培育物联网集群。

1. 产业集群基本情况

质量规模。2009 年，国务院批准成立无锡国家传感网创新示范区，无锡在国家传感网创新示范区建设基础上大力推动物联网产业发展，成为全国乃至全球物联网发展最为活跃的地区之一。2021 年无锡市物联网产业集群入选首批国家先进制造业集群培育名单，也是全国唯一物联网国家级先进制造业集群。无锡物联网产业链上下游企业已达 3000 多家，其中上市企业 79 家、国家级专精特新“小巨人”企业和制造业单项冠军企业 33 家，涵盖关联芯片、感知设备、网络通信、智能硬件、应用服务等全产业链条。无锡物联网集群获批创建国内首个芯片封装测试领域国家先进制造业创新中心，相继建成投用国家超级计算无锡中心、国家智能交通综合测试基地、国家物联网感知装备产业计量测试中心等国字号创新载体 178 家，建设国家环境保护物联网技术研究应用（无锡）工程技术中心等行业应用平台 20 余个，高端创新资源加速汇聚。2021 年无锡市物联网产业营收达 3563.85 亿元，2022 年上半年实现营业收入 1838 亿元，较上年同期增长 13.4%，规模全省第一。无锡物联网产业规模在全市 GDP 中的占比已由 2009 年的 4.4% 提升至 2021 年的 25.45%，成为保障无锡经济增长的稳定器和动力源，塑造了以集群发展带动区域经济发展的鲜明案例。

核心企业。根据产业链层级，物联网产业链可分为芯片层、感知层、传输层、平台层、应用层、服务层、安全层七大层。无锡市物联网产业有力地推动了产业链各个细分环节同步发展。据统计，在无锡市 3657 家物联网企业中，芯片层企业有 183 家，感知层企业有 323 家，传输层企业有 169 家，平台层企业有 240 家，应用层企业有 2510 家，服务层企业有 185 家，安全层企业有 47 家。其中，规模以上企业 454 家（龙头企业 22 家），创造了 87.15% 的营收，另有中小企业 3203 家；高新技术企业 933 家，占比达 1/4。2020 年，中科光电等 7 家物联网企业获评专精特新“小巨人”企业，无锡先导智能装备、法尔胜泓昇集团等 4 家企业获评单项冠军企业。

核心技术。无锡市物联网集群突破智能终端硬件（传感器节点关键核心技术、MRAM 新型智能终端存储芯片技术、物联网智能终端低功耗 MCU 芯片技术、物联网智能终端芯片和物段计算系统、开源硬件资源库技术）、智能信息平台处理（国产自主人工智能深度学习平台移植技术、基于国产异构众核 CPU 芯片的物联网数据中心存储与智算系统、多源融合感知的大数据建模技术与面向应用的深度学习算法）和信息安全（海量轻量级节点安全防护技术、物联网数据安全管理和个人隐私保护、物联网安全测评与智能态势感知）三大关键核心技术，培育智能传感器、工业级智能产品、消费级智能产品、高端软件产品等物联网四类重点产品，推进物联网在智能制造等八大重点领域进行应用推广。近3年来，集群共获得国家科技进步二等奖以上奖项14项，年均授权发明专利超过2000件，牵头或参与制定物联网领域国际标准14项、国家标准62项。

发展趋势。一是产业规模持续壮大。初步形成以重大项目为抓手、以领军企业为龙头、以优质平台为载体的产业发展新格局，重大项目支撑有力，中小企业加快发展。投资超过100亿美元的华虹集成电路研制基地、投资86亿美元的海力士二工厂、投资超过100亿元的中电海康感知设备基地、投资55亿元的浪潮大数据产业园等一批重大项目成功落户、加快推进。一批“专精特新”中小企业和行业“单打冠军”在无锡异军突起，浪潮卓数、帆软软件上榜“中国大数据企业50强”，华云数据蝉联“中国互联网百强企业”榜单，5家企业入围“2019江苏省互联网企业50强”。二是产业链条加速延伸。坚持试点示范与全面推广相结合，累计实施应用示范项目300多个，其中国家行业主管部门支持的先导性重大应用示范工程22个，形成了一系列物联网解决方案和运营管理模式。产业链条协同发展，已形成关联芯片、感知设备、网络通信、智能硬件、应用场景等较为完善的物联网产业链以及相应的配套服务，国内外领军企业不断落户无锡。集成应用范围扩大，物联网技术广泛应用于全市300多个细分行业，形成一系列“让城市生活更美好”的智慧解决方案和运营管理模式。2019年获批全国首个国家级车联网先导区，车联网示范应用项目覆盖城市区域300平方千米、482个路口。三是创新能力全面提升。坚持技术攻坚与需求牵引相结合，构建协同创新体系，有效破解了一批制约物联网规模化发展的技术瓶颈。积极融入长三角一体化，与上海嘉定、合肥、杭州、中电海康联合共建长三角面向物联网“感存算一体化”超级中试中心。阿斯利康健康物联网商业创新中心投入运营，无锡与公安部交通管理科学研究所、中船重工702所开启全面战略合作，推动产学研用深度融合。推动关键技术突破。计算机虚拟化、工业大数据、多源异构数据处理等多项创新成果填补国内空白，达到国际领先水平。2020年，华进半导体获批国家制造业创新中心。四是品牌效应日益扩大。无锡市与中国通信工业协会以及中外105家单位共同倡议和发起了“世界物联网日”，并将每年的8月7日确定为活动日。世界物联网博览会展商层次持续提升，业界影响逐届增强，已成为落实国家重大战略的“助推器”，吸引产业资源集聚的“强磁场”，新旧动能接续转换的“加速键”。五是载体建设扎实推进。坚持特色化、差异化、品牌化建设思路，打造以特色小镇和专业园区为形态的集群独特载体。以高新区为核心，滨湖区、梁溪区为重点的“一核多元”物联网产业格局逐渐成势。鸿山、雪浪、慧海湾、南山4个物联网小镇建设初具形态。优质资源持续向专业园区汇集，2020年，16个列入统计的专业园区实现营收超过600亿元，引进企业近500家。

2. 产业集群培育与发展

政策支持。2009年8月7日，时任国务院总理温家宝在无锡视察时，作出在无锡建立“感知中国中心”的重要指示[①]。同年11月13日，国务院正式批准同意支持无锡建设国家传感网创新示范区，标志着无锡物联网集群建设工作上升至国家层面并进入战略实施阶段。2012年起，无锡市委市政府顶层设计物联网产业发展，出台了一系列支持物联网产业发展的政策和措施。2020年印发了《无锡市加快发展以物联网为

---

① 戴袁支、金凤：“在无锡感知中国”，《中国青年报》2010年8月19日。

龙头的新一代信息技术产业打造世界级产业集群三年行动计划（2020—2022年）》《国家级江苏（无锡）车联网先导区无锡市车联网建设规划纲要（2020—2022年）》《无锡市5G产业发展规划（2020—2025年）》。为支持集群促进机构发挥战略引擎作用，无锡市政府专门制定了《支持无锡物联网创新促进中心发展的若干政策措施》和《无锡物联网创新促进中心建设发展资金管理办法（试行）》。这一揽子政策的出台，集中了全市力量，统筹了相关资源，为物联网集群提供了资金、人才、土地等全面保障，共同将无锡打造成为全球物联网思想高地、技术高地。2022年，无锡市委市政府印发《无锡市关于构建“465”现代产业体系加快重点产业集群建设的实施意见》，建立了“一个产业集群、一名市领导、一个工作专班”的“三个一”工作模式和“一个产业规划、一类特色园区、一批促进机构、一只产业基金、一个政策工具包、一个品牌活动”的“六个一”工作推进机制，全面精准高效推动产业集群高质量发展。

核心产业发展。经过多年的探索与发展，无锡市培育了一批市场占有率全国领先的龙头企业和主导产品。江苏长电科技股份有限公司2022年销售收入337.6亿元，开发、生产的智能芯片测试全国第一；感知集团的物联网金融全国第一，感知环保、感知安监全国第三；远景集团2022年销售额超过900亿元，风力发电智能设备市占率全球第一；捷普电子有限公司2019年销售额超过170亿元，智能硬件、无线产品等排名全国前六；绿点科技（无锡）有限公司在智能硬件研发、生产方面稳居全国前五。

人才培育。无锡市一直将人才培育作为驱动物联网产业集群发展的重要举措。近年来，无锡市通过“太湖人才计划”等一系列政策，打造“中国最佳引才城市”，构建起了“领军人才＋专业技术人才”的人才队伍，覆盖芯片层、感知层、传输层、平台层、应用层、服务层、安全层等全产业链的研发、应用、推广。赴北京、上海、南京、杭州多地开展“百企千才高校行”招才引智活动，引进创新创业人才团队162个。实施集群企业人才培训精品计划，根据集群发展需求，无锡市工业和信息化部门与无锡物联网创新促进中心牵头，联合华中科技大学、复旦大学、无锡职业技术学院等高校，开展企业经营管理、物联网与人工智能等技术创新、工业机器人应用等实操技能培训。2020年共组织实施16个培训班次，培训人数超过2000人。疫情期间，无锡物联网创新促进中心围绕物联网技术、企业经营管理等内容共开展20余场培训，培训人数超万人。根据《中国统计年鉴》和《无锡统计年鉴》数据，2019年全国物联网从业人员约为235.74万人，无锡市物联网从业人员约为20万人，占全国的8.48%。

产学研合作。无锡市目前形成了“企业主导型+联盟联动型+协会推动型”的“产学研用”协同创新机制。一是企业主导型模式。集群内物联网龙头企业密切与中科院、清华大学、麻省理工学院等国内外重点高校院所开展合作，在传感器芯片设计、能源互联网、工业互联网等领域开展技术攻关、标准制定、产品研发和行业应用推广。二是联盟联动型模式。围绕技术标准、研发合作、产业链合作、市场合作，无锡市成立了感知中国物联网商会等物联网产业联盟，整合集群内各类企业、高校和科研院所资源，协同推进物联网企业发展。与同济大学等78家高校和科研院所共促产学研用融合，共同促进集群发展。2020年，集群成员单位与中国信息通信研究院共建无锡泰尔实验室，与江苏省产业技术研究院共建深度感知技术专业研究所，与华东理工大学共建智慧城市安全联合实验室，与同济大学共建智能网联交通联合实验室；江苏集成电路应用技术创新中心、上海大学无锡产业研究院、湖南大学无锡智能控制研究院等超过10家新型研发机构相继落地无锡。三是协会推动型模式。围绕构建技术领先、门类完整的物联网产业链，无锡市成立了无锡物联网产业协会、传感网技术协会等协会，全面打通政府与企业间的沟通渠道，助力提升产业集群竞争力。

应用场景开发。无锡物联网开放合作水平不断提升，已成为全国乃至全球物联网产业发展最为活跃的地区之一。2019 年物联网集群利用外资总额达到 44.84 亿美元，其中华润微电子、江苏寰泰、中环领先、八千里路等项目利用外资规模均超过 3 亿美元，无锡市已成为外商在我国物联网领域投资最大的城市。无锡 300 多个细分行业承担了车联网城市级示范应用等 23 个国家级重大应用示范项目，成为唯一入选“IEEE 智慧城市试点计划”的亚洲城市，获批全国首个国家级江苏（无锡）车联网先导区，入选全国综合型信息消费示范城市、智慧城市基础设施与智能网联汽车协同发展首批示范城市，累计获得国家级试点示范牌子 25 个。2020 年 6 月，国家物联网感知装备产业计量测试中心在无锡成立。2021 年 5 月，无锡又与北京、上海、广州等城市共同成为住房和城乡建设部与工业和信息化部组织的智慧城市基础设施建设与智能网联汽车协同发展首批试点城市。目前，无锡企业承接的物联网工程已遍及全球 78 个国家和地区的 830 多座城市。

3. 经验与启示

一是完善的顶层设计。无锡物联网集群的建设始于 2009 年获批的传感网创新示范区。工业和信息化部、江苏省政府会同国家发改委、科技部、财政部等相关部委成立了无锡市示范区部际建设协调领导小组，协调重大工作，强化政策扶持。江苏省成立了由省长担任组长的省级领导小组，负责统筹协调无锡创新示范区建设，研究解决无锡创新示范区发展中的重大问题，并由省经济和信息化委员会切实按照省级领导小组的统一部署抓好具体工作的落实。无锡成立了市委市政府主要负责同志任双组长的示范区建设领导小组等议事协调机构，物联网发展办公室实体化运作，编制出台 2 期示范区发展规划纲要，滚动实施 4 轮物联网产业发展 3 年行动计划，连续安排 13 个年度工作要点。

二是先进的治理模式。无锡物联网集群在发展过程中高度重视集群促进组织的建设。2018 年，无锡市委市政府设立专门的集群促进组织——无锡物联网创新促进中心，并专门印发《关于支持无锡物联网创新促进中心建设发展的若干政策意见》，在资金使用、人才引进、创业投资等 8 个方面予以支持，鼓励促进中心在体制机制、运营模式等方面开展创新。促进中心经过 4 年的发展实践，初步探索出一条可复制可推广的集群促进组织建设模式。组织架构新型化。在领导机制方面，无锡市委市政府专门成立“无锡物联网创新促进中心领导小组”，市委书记、市长任双组长，每年召开领导小组会，协调解决促进中心建设发展过程中的重大问题。该促进中心构建了以理事会为管理决策层，以促进中心为工作执行层，以专家咨询委员会为咨询层的三层架构新型组织体系，形成了管理决策、落实执行与智力支撑相互促进的良性运转机制。

三是创新的培育方式。无锡率先全面开展物联网应用试点示范，并逐步将零星、局部的既有应用穿珠成链，将应用深度和广度提升至新层次。发展初期，面对没有任何经验可借鉴参考的现状，无锡坚持典型引路、以点带面，建立了“试错—容错—纠错”的闭环管理体系和“试点—示范—推广”的长效激励机制，全面开展物联网应用试点示范，并以试点示范项目为牵引，推动集群协作形成整体方案，先后启动实施了居民电动自行车防盗、智慧环保、汽车电子标识、居民健康管理、电梯安全管理、西泾智能变电站等围绕行业管理和公共服务需求的项目，初步实现了物联网产业化“从无到有”的质变，累计部署了国家行业主管部门支持的重大应用示范工程23个，成为全国乃至全球智慧应用的策源地。无锡的物联网应用已走出国门，遍布全球近80个国家和地区的800多座城市，这也成为无锡物联网集群发展的独特经验。

（五）安徽省合肥市智能语音产业集群

合肥市坚持工业立市、制造强市的战略不动摇，将打造国家新型工业化产业示范基地、培育先进制造业集群作为推进工业经济高质量发展的核心抓手，"芯屏汽合""急终生智"等成为现象级产业地标。

1. 产业集群基本情况

质量规模。2012年8月1日，工业和信息化部与安徽省政府签署《关于共同推进安徽省语音产业发展合作备忘录》[①]，确定将合肥智能语音产业集聚发展基地（"中国声谷"）建设成为全国语音产业发展示范区，推动语音技术研发、语音技术推广应用、语音产业园区建设，现已取得明显成效。"中国声谷"已先后获得国家新型工业化产业示范基地、国家小型微型企业创业创新示范基地、国家级科技企业孵化器、国家新型信息消费示范项目、国家先进制造业集群、国家技术标准创新基地、国家特色服务出口基地等11项"国字号"荣誉，形成产业发展的良好环境。2021年，"中国声谷"内人工智能集群集聚企业达846家，同比增长23.2%，全年人工智能产业规模突破815亿元，增速约为21.1%，其中智能语音产业规模突破185亿元，占全国该产业总产值的64.9%。

核心企业。作为合肥市智能语音产业集群的核心和龙头企业，科大

---

① "工业和信息化部与安徽签语音产业发展合作备忘录"，中国政府网2012年8月4日，http://www.gov.cn/gzdt/2012-08/04/content_2198379.htm。

讯飞公司在语音合成、语音识别、口语评测、自然语言处理等多项技术上拥有国际领先的成果，并入选首批国家新一代人工智能开放创新平台名单。作为技术创新型企业，科大讯飞坚持源头核心技术创新，多次在语音识别、语音合成、机器翻译、图文识别、图像理解、阅读理解、机器推理等各项国际评测中取得佳绩，两次荣获“国家科技进步奖”及中国信息产业自主创新荣誉“信息产业重大技术发明奖”，被任命为中文语音交互技术标准工作组组长单位，牵头制定中文语音技术标准。2019年，科大讯飞新一代语音翻译关键技术及系统获得世界人工智能大会最高荣誉“卓越人工智能引领者奖”。2021 年，科大讯飞“语音识别方法及系统”发明专利荣获第二十二届中国专利金奖，这也是国内知识产权领域的最高奖项。

核心技术。核心技术突破是合肥市智能语音产业集群发展的重要动力，合肥市正积极组织产学研用联合专项攻关，重点突破类脑科学、模式识别、智能语音、计算机视觉、生物特征识别、自然语言理解、机器翻译、自适应机器学习等关键技术，研发人工智能芯片、智能传感器、基础软件等重点产品，打造全面可持续的创新体系。截至 2020 年年底，智能语音产业集群已建有国家级技术创新载体 16 家，国家级企业技术中心 42 家，国家级孵化器和众创空间 30 家，聚集了语音及语言信息处理国家工程实验室、类脑智能技术及应用国家工程实验室、农业物联网技术集成与应用重点实验室、过程优化与智能决策重点实验室及以合肥综合性国家科学中心人工智能研究院等为代表的省级以上创新平台 70 家。

发展趋势。目前，合肥市正进一步依托国家《新一代人工智能发展规划》，抢抓新兴技术发展和应用爆发式增长的重大机遇，面向市场需求，着力布局新一代人工智能生态体系建设，以智能语音及人工智能技术为核心，以集群发展为路径，技术创新和模式创新并举，强化开放合作和产业生态构建，将“中国声谷”建设成为国内规模最大、实力最强、技术水平达到国际一流的智能语音及人工智能产业集聚发展基地。预计到2025年，智能语音及人工智能互联网产品用户将达到15亿户，“中国声谷”企业营业收入将超过2000亿元；入驻企业总数将超过800家，培育1家超500亿元级企业、2家百亿元级企业、10家十亿元级企业、50家以上亿元级企业，孵化企业达到500家。“中国声谷”将成为国内外知名品牌。

2. 产业集群培育与发展

政策支持。2012年8月1日，工业和信息化部与安徽省政府签署《关于共同推进安徽省语音产业发展合作备忘录》，确定将合肥智能语音产业集聚发展基地（“中国声谷”）建设成为全国语音产业发展示范区。2018年，工业和信息化部与安徽省政府签订《进一步共同推进安徽智能语音产业发展合作协议》[①]，提出用5年左右的时间，将合肥智能语音产业集聚发展基地打造成全国智能语音领域产业发展高地。2017年12月安徽省人民政府办公厅印发《中国（合肥）智能语音及人工智能产业基地（中国声谷）发展规划（2018—2025年）》[②]，明确提出，将“中国声谷”建设成为国内规模最大、实力最强、技术水平达到国际一流的智能语音及人工智能产业集聚发展基地。

核心产业发展。智能语音领域，以科大讯飞为龙头，以“中国声谷”为重要载体，已集聚华米科技、中科龙芯等一批领军企业，核心载体“中国声谷”2021年入驻企业总数已达1423家，实现关联及带动产

① “工信部签署进一步推进安徽智能语音产业发展合作协议”，财联社网站2018年5月11日，https://www.jiemian.com/article/2131154.html。

② “中国（合肥）智能语音及人工智能产业基地（中国声谷）发展规划（2018—2025年）”，合肥市人民政府网2020年5月2日，https://www.hefei.gov.cn/ssxw/ztzl/zt/sjzygzygflfgwjhb2020nb/cyfzpy/zyzcwj/104885999.html。

值 1378.6 亿元，连续 5 年产值、企业增长率超过 30%。在科大讯飞等龙头企业的赋能和引领下，“中国声谷”以合肥高新区为核心承载区，以合肥经开区、蜀山区、庐阳区、长丰县等为产业发展区，逐步构建成“一个核心承载区 + 若干个联动发展区”的“1+N”发展格局。目前，“中国声谷”已初步形成“基础应用技术 + 底层硬件 + 数据计算 + 智能终端 + 行业应用”的人工智能产业链，以及“覆盖整机 +CPU+ 存储 + 基础软件 + 应用软件”等信创各领域的国产计算机产业链。从智能语音到人工智能，再到“AI（人工智能）+AK（信息技术应用创新）”双“A”战略，“中国声谷”已经在全国乃至全世界形成一定的产业影响力和品牌知名度，成为安徽经济社会发展中的一张新名片。

人才培育。合肥市一直将人才培育作为驱动智能语音产业集群发展的重要举措。《合肥市国家新一代人工智能创新发展试验区“十四五”规划（征求意见稿）》明确指出，合肥将建设人才“百千万”梯队，即引进和培育百名人工智能领域高层次领军人才；重点培养千名人工智能高级研发人才；完成不少于 1 万人的人工智能专业技术培训和产业技术培训，形成国家人工智能应用型人才培养基地。近年来，合肥市坚持以人才汇聚助推集群升级，打造覆盖各类别、各层次、各阶段人才的政策体系，完善产业集群周边人才安居、子女就学、看病就医等综合环境。近 5 年来，合肥市累计认定重点产业紧缺型人才约 2 万人。

产学研合作。合肥目前形成了以中国科学技术大学和科大讯飞为核心引领，产学研用、全链条孵化的科创生态系统，为人工智能和智能语音产业发展提供了较强的科研基础。合肥以中国科学技术大学等具有较强研发和人才培养能力的高校为学术支撑，同时以科大讯飞等知名大型企业为依托，形成了诸多产学研互动合作的院校实验室和企业实验室。据统计，合肥重点实验室、企业技术中心等各类研发机构已突破

1400家，建成科技企业孵化器、众创空间134家，在孵企业和创业团队近4000家（个）。与中国科学技术大学、清华大学、北京大学、哈尔滨工业大学等高校院所共建23个高质量合作平台，组建联合实验室或技术中心近百家、引进创新团队超过百个、累计孵化科技型企业超过300家，积极探索成果转化新体系，依托高校院所在研国家级项目超过3000个。此外，政产学研的融合互动亦是推动合肥市智能语音产业集群发展的重要动力。2018年，最高人民检察院批复同意在安徽省成立智慧检务创新研究院"智能语音与人工智能联合实验室"，科大讯飞和安徽省人民检察院通过实验室平台开展语音识别核心技术与"人工智能+智慧检务"前沿性和应用性技术研究。实验室以"成果转化、学术研究、人力培养"为主要目标，面向检务领域实际业务需求，开展智能语音识别、语义分析、大数据分析、音视频分析等方面技术研究，探索和推广智能语音技术在检察机关日常办案中的实际应用，构建智能语音核心技术和人工智能技术在智慧检务工作中的应用研究及人才培养平台，努力打造集"产、学、研、用"于一体的实验室体系。

应用场景开发。合肥市智能语音产业集群，以智能语音核心技术研发和融合应用为主线，不断推动智能语音技术与诸多传统产业及其应用场景的深度融合。目前，"中国声谷"制造中心推出面向中小企业的"研发+代工+销售"服务体系，2021年代工硬件产品460万套，实现营收超亿元；讯飞人工智能开放平台则持续为移动互联网、智能硬件的创业开发者和海量用户提供人工智能开发与服务能力，围绕人工智能开放平台积极构建产业生态。讯飞开放平台已形成396项AI能力及方案，聚集超过175.6万开发者团队，并向企业数字化、智慧医疗、智慧司法、智慧城市、数据标注、智能翻译、视频直播、智慧农业等多个应用领域进行赋能和拓展。在应用赛道上，科大讯飞人工智能在教育、医疗、智能办公、智慧城市等应用场景，已经实现了源头技术创新和产业应用的良性互动，并在不断扩大的应用规模中实现了“算法—数据”的持续闭环迭代。

3. 经验与启示

一是推动政产学研用融合互动，积极构建智能产业创新生态。在数字经济和智能经济时代数字技术的广泛应用和赋能下，构建和完善新型产业创新生态系统是大势所趋。以讯飞人工智能开放平台等开放创新平台为依托，以市场需求为导向，不断构建和完善政府、企业、个体创业者、高校、科研院所协同互动的网络化创新生态，是合肥市智能语音产业集群发展中的重要经验。在新兴产业发展进程中，政府应主动帮助企业建立资源共享平台，鼓励科研院所和高校与企业共建联合实验室等合作项目，推动资源开放共享，加速企业形成技术产品，进一步促进技术产品多元化，形成发展业态丰富的产业创新生态系统。

二是坚持智能科技引领，不断促进创新要素集聚。智能语音及人工智能通过辅助或替代人类劳动，能够更有效地完成现有工作，在制造、物流、金融、交通、农业、营销、通信、科研和教育、医疗、法律、个人服务等领域发展前景广阔。合肥市在制定产业发展规划时，一直注重智能科技的引领作用，重点把握世界智能语音及人工智能产业发展规律和行业发展大势，突出研发部署的前瞻性，在重点前沿领域探索布局、长期支持，以图在理论、方法、工具、系统等方面取得变革性、颠覆性突破，最终实现人工智能原始创新能力的全面增强。合肥市通过实施重点扶持，不断引导资源要素向人工智能龙头企业集聚，从政策和服务方面加强对龙头企业的支持力度，积极培育关键材料、元器件、芯片制造、封装、测试、整机和服务各个环节配套企业，服务“中国声谷”产业基地以及全省相关产业。同时，重点推进智能语音及人工智能的软件、操作系统、数据库、中间件、开发工具等关键基础软件研发，开展图像识别、语音识别、机器翻译、智能交互、知识处理、控制决策等智能系统解决方案开发，不断培育壮大面向人工智能应用的基础软件产业。

三是坚持集聚发展的思路，不断优化产业空间布局。合肥市坚持推进智能产业聚集发展的思路，不断推动智能产业聚集发展，并最终形成了“一核两区多园”的智能产业发展格局。“一核”：以科大讯飞公司为主的核心区。位于合肥高新区望江西路以北、永和路以西，规划用地208亩，主要依托科大讯飞公司建设。科大讯飞公司通过战略转型，技术制胜、市场为王，开展智能语音及人工智能核心技术研发，积极推进产业链条完善和扩展，加快形成产业集群。“两区”：孵化区和产业区，位于合肥高新区。充分发挥省信息产业投资控股公司等公共平台职能，加快相关技术、项目孵化，培育中小企业和新兴业态。产业区主要围绕智能语音及人工智能重点领域发展相关产业。“多园”：围绕重点应用领域，布局建设多个智能语音与人工智能特色鲜明的产业园，推动关联产业和要素集聚，形成产业链，重点打造互联网与大数据产业园、智能终端产业园、汽车电子产业园、智能客服产业园、教育与文化产业园、智慧城市产业园、智能产品研发设计总部基地等，积极推动其他领域实现产业集群。

四、我国先进制造业集群发展的经验分析

通过对国内外典型先进制造业集群的分析可知，以顶层设计和产业政策为引领、以自主创新为核心、以产业链供应链为根本、以开放创新

为支撑，是培育和打造世界级先进制造业集群的关键核心因素。

（一）注重顶层设计，完善政策体系

自2021年以来，工业和信息化部相继公布了3批共45个国家先进制造业集群名单，各地政府及相关部门不断加快完善先进制造业集群的顶层设计，相继出台一系列相关政策文件，并积极推动先进制造业集群的培育和发展。深圳市为打造新一代信息通信集群，发布《深圳新一代信息技术产业振兴发展规划（2011—2015年）》，出台《关于支持企业提升竞争力的若干措施》《关于促进人才优先发展的若干措施》《深圳市重点产业链"链长制"工作方案》等文件，创建"矩阵式"产业扶持体系，从企业招引、项目培育、空间落地、人才支撑等全方位给予政策支持。为打造杭州市数字安防产业集群，浙江省、杭州市出台了一系列产业支持政策。浙江省聚焦加快建设数字安防等世界级先进制造业集群，相继出台了《浙江省数字经济发展"十四五"规划》《浙江省全球先进制造业基地建设"十四五"规划》等文件，并于2021年12月发布《浙江省数字安防产业链标准体系建设指南（2021年版）》，对数字安防（视觉智能）产业发展形成了系统指引。杭州市则发布了《杭州市人工智能产业发展"十四五"规划》《"中国视谷"建设方案》等重要文件，针对视觉智能（数字安防）产业编制了"一链一团一方案"和"五图五清单"，全面推动全市视觉智能相关产业的战略布局和规划实施。

（二）加强自主创新，修炼内生动力

先进制造业是科技创新的主战场。培育和发展先进制造业集群，不

仅要加强顶层设计，完善制度保障，还要加大对先进制造业的科技研发投入，加强科技自主创新，不断修炼内生动力，努力实现关键核心技术自主可控。宁波市完善磁性材料集群创新生态，推动集群做大做强。宁波市投入 3.4 亿元建设国家新材料测试评价平台、浙江省磁性材料创新中心和磁性材料产业创新服务综合体。为支撑企业技术创新，宁波市投入 3.9 亿元实施“科技创新 2025”重大专项，解决行业技术瓶颈问题 21 项；攻克超导磁体产业化、铈磁体制备、高丰度稀土资源利用、热压永磁产业化等一批关键核心技术，2020 年新增授权发明专利 786 项；在硬盘音圈电机等智能终端产品领域，韵升和科宁达的钕铁硼磁体在全球市场占有率超过 70%；中杭磁材公司的电动车电机磁钢、复能公司的铈铁硼磁体、宁港永磁公司的钐钴磁体在全球市场占有率第一；金鸡强磁公司的热压辐向环应用于荷兰 ASML（阿斯麦尔）光刻机关键部件。

（三）聚焦强链补链，加快高效整合

先进制造业集群内部企业间的协同发展，有利于形成循环高效、连接紧密的产业链供应链体系，降低产业终端对外部经济的依赖程度，增强产业发展的竞争力与稳定性，易于形成规模经济和范围经济。地方政府培育和发展先进制造业集群，应聚焦产业链强链补链等重点领域，加快产业链各个环节间的高效整合。深圳市实施集成电路、5G、人工智能等重点产业“链长制”，重点协调解决产业链上下游对接、产业生态主导型企业和中小微企业协同配套，畅通物流、人流、资金流、信息流；组织实施重大技术攻关，着力解决核心技术，补齐产业链短板。青岛市针对三大主机厂的千余家配套企业，全面梳理筛选出 131 家非中车系优质市外配套企业为招商目标，形成《轨道交通产业链精准招商工作实施方案》，一对一精准对接积极引进中车配套企业；建立《青岛市轨道交通装备配套产品目录库》，吸引全国优质企业加入目录库，为入库企业精准赋能，促进产业链紧密协作。

（四）重视开放合作，激发创新活力

先进制造业集群不是一个封闭的产业组织，而是一个具有高度包容性的开放性创新网络。先进制造业集群的发展，要突破行政边界的制约，推动产业集群的跨区域协同合作，进而提升产业集群的整体竞争力。同时，先进制造业集群应将开放合作作为保持集群活力的源泉，重视集群的国际交流合作，推动集群与国外集群建立战略合作机制，在产业合作、制度学习、文化培训、人才交流等方面开展合作，提升集群对外的影响力。在先进制造业集群培育过程中，我国一些地区注重开放合作，有效激发了创新活力。深圳市、广州市鼓励集群企业与国际高端医疗器械产业发达地区建立长期合作关系，加快了国际先进医疗器械技术、创新医疗器械产品在集群落地、发展壮大。同时，深圳市积极抢占高端医疗器械产业发展制高点，努力建设特色鲜明、体系完善、协作紧密、竞争力强的高端医疗器械产业集群，充分发挥国家高性能医疗器械创新中心等创新载体作用，进一步释放创新潜能、激发创新活力。

第四章

培育世界级先进制造业集群的思路与政策建议

党的二十大报告指出：坚持把发展经济的着力点放在实体经济上，推进新型工业化，加快建设制造强国、质量强国、航天强国、交通强国、网络强国、数字中国；实施产业基础再造工程和重大技术装备攻关工程，支持“专精特新”企业发展，推动制造业高端化、智能化、绿色化发展。进入21世纪以来，以新一代信息技术为主导的科技革命和产业变革正在重塑全球制造业发展格局。总体来看，全球制造业发展呈现智能化、绿色化、服务化等趋势。第一，制造业智能化。随着大数据、云计算、人工智能等新一代智能制造技术的快速发展及其与生产制造的融合，制造业的设计、生产、管理、服务等环节呈现出数字化、网络化、智能化的特征，这也给传统制造业带来了颠覆性和革命性的影响，进而使制造业智能化进程不断加快。第二，制造业绿色化。新一轮科技革命和产业变革的不断深化，使高能耗、低效率、低创新度、低附加值的发展模式难以持续，绿色制造、循环经济、可持续发展成为新的趋势。与此同时，制造业发展与资源环境约束的矛盾日益凸显，生产制造过程的清洁化和绿色化成为先进制造业的内涵和方式。第三，制造业服务化。在新的背景下，制造业与服务业正在进行深度融合，其边界日趋模糊。一批著名跨国公司正以数字化技术为基础，通过互联网、物联网、云计算、大数据等技术赋能，实现生产制造模式变革，加快由传统制造向服务型制造转型。

制造业是实体经济的主体，也是我国现代化产业体系的核心内容，发展先进制造业是构建现代化产业体系的重中之重。在新发展阶段，发展先进制造业，要围绕自主可控、安全高效的要求，加快推进产业基础高级化、产业链现代化，保持制造业比重基本稳定，实施产业基础再造工程和重大技术装备攻关工程，支持“专精特新”企业发展，提升制造业核心竞争力，培育发展先进制造业集群，推动制造业高质量发展。在培育先进制造业集群的过程中，我国应注重把握全球制造业的发展趋势，积极迎接全球制造业变革带来的历史机遇，加快推进集群内生动力塑造和产业竞争力提升。

一、我国先进制造业集群迈向世界级产业集群仍面临挑战

经过多年发展，我国先进制造业集群逐渐发展壮大。根据工业和信息化部公布的数据，2021 年 25 个先进制造业集群主导产业产值近 10 万亿元，集聚了一大批业内龙头企业、上百家单项冠军企业、上千家“专精特新”企业，规模以上企业近 2.5 万家。2022 年上半年 25 个集群完成产值 6.2 万亿元，较 2021 年同期增长 6.1%。与此同时，在已经评定的 45 个集群中，优质要素资源正高效集聚，先进制造业集群日益成为产业创新策源地、“专精特新”企业集聚地、重大创新项目承载地、区域经济发展新高地。截至 2022 年 10 月，先进制造业集群拥有国家级技术创新载体近 1000 家，有近一半的国家制造业创新中心布局建设，重大创新技术和产品不断涌现。在这些先进制造业集群内，大量的企业

集聚和人员交流为知识外溢和技术扩散提供了有利条件，形成了集群创新平台，提高了创新效率，增强了集群主导产业核心竞争力。可见，先进制造业集群已成为引领带动我国区域制造业高质量发展、提升产业竞争力的重要力量。从区域布局来看，我国已形成以沿海经济带，环渤海、长三角、粤港澳三大核心区以及中部地区和西部地区重点城市圈的“一带三核两支撑”为特征的先进制造业集群空间分布总体格局。

然而，与世界级产业集群相比，我国先进制造业集群培育还面临龙头企业效应不足、创新策源能力不强、促进组织有待完善、产业协同关联少、集群规模体量小等问题，同时面临数字化智能化水平不高、产业链供应链韧性不足等挑战。

（一）龙头企业效应不足

在我国现有先进制造业集群中，一些集群价值链高端环节企业数量占比仍然较低，缺失一批创新能力强、拥有关键技术、具有国家竞争力的龙头企业及知名品牌企业，在创新投入、人才吸引、经营效果等方面偏弱，在技术水平、品牌建设、行业标准以及国际影响力、竞争力等方面尚存在不足。

（二）创新策源能力不强

一些先进制造业集群尚未充分整合内部创新资源，关键技术、共性技术研发及创新服务平台建设滞后，关键核心技术的对外依存度较高，集群自身的创新策源能力偏弱。一方面，这些集群中的高等院校、科研院所及国家创新中心、工程中心、重点实验室等创新资源相对较少；另一方面，集群内部的创新机制不够完善，集群内企业与高校、研究机构融合深度不足，缺乏良好的协作机制，研究机构无法有效支撑集群创新能力提升。

（三）促进组织有待完善

按照工业和信息化部先进制造业集群培育要求，参赛集群需采取政府引导、资源组织的方式，依托行业协会、产业联盟、骨干企业或其他机构，成立新型的集群发展促进机构。从实际状况来看，一些集群促进组织需要进一步健全，功能也有待进一步完善。首先，政府与集群促进组织职能边界界定不够清晰，政府职能转移不充分，集群促进组织开展服务和整合资源的手段相对有限。其次，集群促进组织绩效考评和支持的体系尚未建立，高效、合理的促进组织运行机制仍在探索。最后，集群促进组织在系统做好集群服务方面还存在不足，在适应不同产业形态集群服务功能的形式多样性上仍有欠缺。

（四）产业协同关联少

一些先进制造业集群与产业上下游集群协同不足，集群内部企业关联度低。集群的边界没有摆脱地方行政区划的制约，缺少跨区域、跨领域的协同机制。集群间特别是具有上下游关系的集群仍缺少常态化合作交流的平台，高端要素资源流通不畅。集群内协同化发展薄弱，技术、人才、平台、服务的有机融合程度不够，制造业与生产性服务业的协同发展成效不足，上下游的链式联动效应不足，协作配套效率低，本地化配套率不高，高质量的集群产业生态尚未形成。

（五）集群规模体量小

由于对先进制造业集群重视度不够、认识模糊及对经济总量的盲目追求等，部分地区规划的主导产业偏多，重点不突出，存在低水平同质化竞争现象，难以形成具有竞争优势的规模化产业集群。同时，集群内还存在龙头企业数量少及规模小、中小企业偏多、行业分散、产业集中度低等问题，导致集群整体体量偏小，并未深度融入全球价值链分工，辐射带动作用有限。

（六）数字化智能化水平不高

我国先进制造业集群数字化智能化面临的问题主要体现在三个方面。第一，集群数字化转型政策支持不足。近年来全国各地加快出台政策支持数字化转型，但多数政策直接针对产业和企业的数字化转型，除广东外，很少有地方把产业集群数字化转型作为直接政策抓手。第二，集群内部数字化转型缺少协同联动。龙头企业因具有较强的资本和技术实力，数字化转型已经初见成效，但对上下游企业、集群企业的带动不足，集群中大量的中小微企业数字化转型仍旧面临不敢转、不会转、不能转等难题。第三，缺少推动集群数字化转型的平台和服务。能够为中小企业提供转型服务的数字化转型服务供给商缺乏，具有行业特色的数字化协同平台也不足。

（七）产业链供应链韧性不足

现阶段，我国先进制造业集群发展面临多重外部挑战，存在一定的产业链供应链断供风险。一方面，我国先进制造业集群的关键核心技术、智能硬件、核心软件等方面相对于一些发达经济体仍有一定差距，存在受制于人的风险。例如，我国硬件中的高性能芯片及其依赖的重要原材料半导体在关键制造环节存在自给率不足的问题，基础性操作系统以及工业操作系统软件也存在一定的应用限制风险。另一方面，国际形势变化导致的贸易摩擦，致使国内集群企业与国外企业在产品交易、原材料供应过程中存在一定受管制和脱钩风险，跨国企业可能有针对性地阻止我国供应商参与，或减少在华企业布局。例如，部分跨国企业为确保资产产品不被欧美出口管制或被征收高额关税，被迫将半导体、芯片等产品生产线移出我国。此外，在局部战争和贸易冲突的背景下，全球海运价格高涨、运力和集装箱的短缺也导致供应链面临一定的中断和供应延期风险。

（八）营商环境有待优化提升

虽然我国经济已由高速增长转向高质量增长，但依靠传统生产要素获取高速增长的营商环境没有得到根本改变。为适应先进制造业集群培育，我国亟需通过政策创新、深化改革等措施，优化和提升营商环境。面对新的形势，我国要深化科技体制改革，大力培育创新文化。面向数字化、绿色化、智能化等趋势，加快建设国内统一大市场。同时，我国还应注重增强国内国际两个市场、两种资源的联动效应，稳步扩大规则、规制、管理、标准等制度型开放，营造市场化、法治化、国际化的一流营商环境。

二、我国先进制造业集群培育思路

当前，产业界和学术界尚无被广泛认可的世界级先进制造业集群的定义。本书认为，世界级先进制造业集群指在一定区域内，基于技术创新、专业化分工与比较优势，先进制造领域企业及相关产业主体共同形成的在创新能力、组织架构、运营机制、品牌效应、开放程度、规模体量、市场竞争力等方面处于世界领先水平的产业创新生态。

（一）世界级先进制造业集群的主要特征

可观的产业规模。聚焦特定产业领域，形成了可观的产业规模，具有较强的产业集群能力和引领带动作用。本书认为，除尚处于发展期的新兴技术和前瞻领域外，具备世界级先进制造业集群潜力的集群培育对象规模体量应达到1000亿元以上，基本达到世界级先进制造业集群水平的集群规模体量要达到5000亿元的级别。

拥有龙头企业及知名品牌。拥有一批技术创新能力强、产业链供应链完善、生产制造水平高、产品竞争力突出的龙头企业，技术引领力、品牌影响力居世界前列。例如，德国斯图加特汽车产业集群集聚了戴姆勒、保时捷和博世三大著名本土汽车企业，在高端技术和行业标准领域居于全球同行业前列。

强大的创新能力。持续的技术创新能力是先进制造业集群产业竞争力的战略支撑，也是集群发展壮大的核心要素。世界级先进制造业集群的技术创新能力应居全球领先水平，在产品创新、工艺创新、商业模式创新及品牌创新、管理创新等方面处于全球核心地位。

完善的产业体系。拥有较为完整的创新链、产业链和价值链，呈现龙头企业引领、上下游企业密切联动、创新平台提供专业服务的集群网络共生组织。集群内各主体成为利益相关者，在创新链、产业链和价值链中形成高度专业化的分工，为信息和资源高效流动创造了条件，进而使集群的组织方式、产业配套都具有全球优势。

优越的创新环境。提供集群发展所需的创新环境，包括支撑集群创新行为和产业活动的支持政策、保障措施、行业规范和专业化服务等。例如，美国世界级产业集群的发展与其完善的科技政策、充足的技术创新投入有关，而我国先进电池材料集群的发展则得益于国家及地方层面的一系列支持技术研发、产品应用、配套服务的政策措施。

突出的国际竞争力。世界级先进制造业集群的产品应在国际市场拥有较大市场份额或处于主导地位，能够引领产品设计风向或行业国际标准，具有显著的行业影响力和市场竞争力。例如，美国、德国、英国分别在新一代信息技术、汽车、生物医药领域占据产业制高点，处于全球产业链和价值链的中高端。

全方位开放发展。世界级先进制造业集群是根植于本区域特色的全方位开放集群，具有多元、开放、包容的开放系统。这不仅需要集群内龙头企业及核心主体的国际化布局和技术交流合作，也需要集群与集群间的开放合作，通过不断协同全球先进企业、资金、人才等产业资源，加快技术和产品的国际化，实现同全球产业高度互动。

（二）先进制造业集群的演化机制

本书认为，先进制造业培育的过程本质上是创新网络的构建和演化过程。从机制上看，这个过程大致可以分为创新网络形成、创新网络的开放与强化、创新网络的本地化等阶段。在创新网络的构建和演化过程中，促进组织发挥着重要作用。

创新网络的形成：集群培育的过程，是产业中的知识积累转化为技术，实现商业化并形成竞争力，进而不断强化产业竞争力和壮大集群的过程。从本源上说，技术创新即生产和传播特定领域知识，是知识创造和能力构建的过程。知识的生产、流动及其在企业等主体间的扩散是一个动态的过程，需要借助系统或网络来实现。对产业创新系统而言，构建合理的创新网络，形成有效的创新实现机制是保证知识积累性和可获得性的基本。因而，在集群培育初期，承载这种功能的网络组织应运而生。在这种网络组织中，知识的流动或外溢主要通过网络主体间的合作、竞争、协同过程来实现。

创新网络的开放与强化：进一步而言，随着网络组织的扩大，组织内主体间知识流动速度和知识分工速度不断加快，专业化知识的流动和价值交换催生了创新网络，是先进制造业集群的基本形态。同时，拥有基本知识和一定技术自主研发能力的创新型企业主体，利用外部知识资源进行跨组织学习，从外部环境中获取、吸收、转化知识资源，补充知识短板，是龙头企业构建核心能力和长期竞争优势的基础。随着全球化、信息化的不断深入，市场环境和商业环境的开放性增强，企业组织间的知识交流和互动更加频繁，不再局限于地理空间的限制。由于知识资源分散在不同的国家、地区、行业、组织中，企业需要低成本、跨地域地学习和整合外部知识，在自有知识的基础上从外部获得知识。外部知识资源跨组织边界流入本地创新网络，并被本地网络的创新主体内部化，由此形成了可被本地网络自用的知识体系。由于创新网络内不同主体的异质性，新旧知识复杂、交叉、相互作用，形成并行、多方向、多层次的知识创新活动，从而产生网络整体创新加速的趋势。

促进组织的作用：网络组织创新所需的知识分散于整个社会中，每个个体仅掌握知识体系中的一部分，知识分工的存在使创新主体的知识结构单一化、专业化，加剧了知识分立和知识流动主体间的信息不对称。创新主体由此出现知识交流、交换、交易的需求和对外部知识的依赖，生产同类产品或研发同种技术的主体也有战略性合作和知识交流的可能性。产业创新平台的网络促进组织在这种竞争性合作关系中起枢纽作用，降低了创新主体间专业化知识的交易成本，扩大了自身的知识扩散范围，增加了与不同企业互补知识资源的可能性。

创新网络的本地化：创新网络内同类企业的竞争性合作关系受到网络内外部环境的影响。从网络外部环境看，先进制造业的创新竞争已经开始由企业间的个体竞争，走向区域间、国家间的产业竞争。复杂多变的外部环境，推动了创新网络内部的竞争性合作需求，创新主体以集群化发展应对网络外部的竞争对手。随着集群化的不断强化，创新网络的结构由松散的大范围网络，加快转变为创新主体间密切连接、互动频繁的本地化创新网络。从本地化创新网络的情况看，创新主体拥有广泛的共同利益，提高了知识共享的意愿和效率，带来了网络内部创新能力的共同提升，创新网络内专业化、互补化的知识不断转化为产品竞争力。

（三）先进制造业集群培育的思路

从发达经济体的经验来看，世界级产业集群的培育是一个系统工程，往往需要 10 年以上的时间。在世界级产业集群培育过程中，政府扮演着重要角色。它不仅是顶层设计和产业政策体系的构建者，还可以发挥集群促进组织构建者、创新平台建设者、创新资源集聚者、应用场景创造者及创新要素供给者等重要作用。根据前文的分析，先进制造业集群的培育是创新网络构建和演化的过程。虽然我国先进制造业集群培育取得了显著成绩，但与世界级先进制造业集群相比，还存在较大差距。为加快构建世界级先进制造业集群，本书提出我国先进制造业集群培育思路如下。

第一，把握绿色化、智能化、网络化的发展趋势，以创新能力提升为核心，以龙头企业和创新型企业培育为重点，以创新驱动和市场拉动为支撑，聚焦重点区域和重点产业，推进关键共性技术及核心技术研发，构建先进制造业集群的核心网络。

第二，充分发挥集群促进组织的作用，以建设功能健全、机制灵活、运行高效的新型促进组织为抓手，以高质量、专业化服务促进创新资源流动，使创新要素聚集与创新主体协同，加速推进先进制造业集群核心网络的开放与强化。

第三，强化和完善先进制造业集群的顶层设计，构建支撑先进制造业集群发展的国家和地方产业政策体系，围绕技术创新、产品创新、工艺创新、商业模式创新等创新行为和创新要素流动、创新资源整合等产业需求，以提升产业竞争力和打造竞争优势为目标，破除产业协同的行政壁垒和体制机制障碍，优化提升区域创新环境，建设高质量先进制造业集群。

（四）先进制造业集群培育的重点工作

为做好先进制造业集群培育工作，我国近期需要从顶层设计及组织机制、国家及地方支持政策体系、集群发展方向聚焦、培育模式创新等方面重点发力。

1. 完善先进制造业集群顶层设计及组织机制

将培育先进制造业集群上升到国家战略层面，抓紧出台培育先进制造业集群的指导意见，明确集群培育目标，细化重点任务，加大政策支持力度，完善集群保障措施，为地方开展先进制造业集群培育建设工作指明方向。由国务院统筹，建立以工业和信息化部牵头的跨部门集群培育联席会议制度，统筹各部门政策资源，形成多方合力，协调解决集群发展的重大共性问题。组织开展集群发展研究，探索建立先进制造业集群统计指标体系，对重点集群开展运行监测分析和发展水平评估。

2. 完善先进制造业集群支持政策体系

研究制定国家层面的先进制造业集群引导性政策，实施积极的财税金融政策，配套投资倾斜、政府采购等财政政策及出口退税、税收减免等税收政策，设立产业引导基金，多措并举共同推进集群发展。结合不同主导产业类型和处于不同发展阶段的先进制造业集群特点，制定差异化的动态支持政策。聚焦重点产业和重点领域，引导地方政府出台集群支持政策和集群培育机制。鼓励地理位置相邻的地市间建立跨区域协同发展机制，推动跨区域资源集聚和整合，促进区域间产业链分工和协作。打破阻碍集群要素资源自由流动的行政区域壁垒，以产业链为纽带，加强产业协同，构建先进制造业集群的全国大循环。

3. 创新先进制造业集群培育模式

发挥各区域比较优势，加强先进制造业集群重点领域优势，产业链协同融合发展，创新产业合作模式，共同打造跨区域合作产业发展新平台。改变传统依靠政府、园区的组织模式，创建跨机构、跨区域、跨部门的产业集群组织。创新集群培育模式，通过研发合作、生产合作、商业协作等方式，把各类具有竞争关系的企业、高校、研究机构、金融机构等主体转变为产业联合体和价值共同体，变一项技术、一个产品、一个环节的创新，为技术创新、产业链协同创新、产业生态创新。

4. 聚焦先进制造业发展的新方向

2023 年 2 月，工业和信息化部党组书记、部长金壮龙在《求是》杂志撰文《加快推进新型工业化》① 指出：增强新能源汽车、光伏、移动通信、电力装备等领域全产业链优势，打造更多中国制造名片；培育壮大新兴产业，聚焦新一代信息技术、新能源、新材料等重点领域；前瞻布局未来产业，丰富完善应用场景，培育产业生态，抢占未来竞争制高点。就发展潜力来看，智能汽车、家用机器人、可穿戴设备、柔性显示设备、3D 打印装备等领域潜力较大，有望成为未来 20~30 年的万亿美元级大产业。

三、培育我国先进制造业集群的政策建议

基于我国先进制造业集群培育面临的挑战，以及世界级先进制造业

① 金壮龙：“加快推进新型工业化”，《求是》2023 年第 4 期。

集群特征和演化规律，本节就各级政府部门如何在先进制造业集群培育过程中发挥作用提出针对性政策建议。鉴于先进制造业集群创新网络的本质，优化创新环境、加强基础研究资源投入是政府部门面临的重要任务。同时，培育新型集群促进组织、对促进组织进行赋能，以及围绕产业竞争力强化集群间的区域协同，通过集群间的开放合作促进资源要素流动等，都是政府部门需要重视的命题。为进一步完善集群创新生态和强化集群竞争力，我国还需从培育龙头企业、加大基础研究资源投入、推进制造业与现代服务业融合、打造多元人才体系等方面下功夫，从而加快迈向世界级产业集群的步伐。

结合先进制造业集群在实现科技自立自强、构建现代化产业体系、提升产业能级及城市竞争力、带动区域营商环境建设、推动高水平对外开放等五个方面作用，我国应从以下五个方面培育和发展先进制造业集群。

（一）加大基础研究投入，完善技术创新体系

加大基础研究资源投入。切实提升重点先进制造业集群及重点方向的基础研究投入强度，增强原始创新能力。一是鼓励加大财政对基础研究支持力度，探索形成基础财政资金对基础研究长期投入机制。通过税收优惠等扶持措施引导集群内龙头企业、创新型企业增加对基础研究的投入。二是因地制宜，结合集群发展实际和产业链重点环节，加强相关基础研究人才引进力度，加快基础研究用创新基础设施建设，鼓励有条件的地区建立基础研发机构。

完善集群技术创新体系。引导集群内企业形成学习交流、信息共享等机制，促进创新要素的自由流动，加快集群内部知识扩散和技术

外溢，推动产业发展从单一线性的个体创新向网络化的集群创新转变。紧抓行业技术变革趋势，围绕前沿技术、颠覆性技术和关键核心共性技术，开展研发攻关和工程化、产业化应用，持续完善集群技术创新体系。

（二）完善集群产业体系，谋划未来产业发展

积极培育龙头企业和“专精特新”企业。为培育更多的集群龙头企业，各地政府应选择一批重点领域和重点企业，有针对性地制订培育计划，采取“因企施策”“一企一策”，帮助企业制定符合自身定位和行业规律的发展规划，确定各阶段发展目标；基于市场化原则，鼓励重点企业推动行业内资产重组或业务整合，加强产业链上下游联系；设置专项基金，为重点企业技术创新、品牌培育、市场拓展等提供政策支持；有计划地组织被培育企业的高层管理者学习先进理念，拓宽发展思路，提高管理能力。以带动性强、整合需求高、市场潜力足的重大项目为纽带，加快集群内大企业和大集团的培育，促进“专精特新”等创新型中小企业的成长，为集群发展和龙头企业培育打造持续动力。民营企业已成为先进制造业集群的主力军，要彻底解决“玻璃门”“天花板”等问题，创造公平的市场竞争环境，发挥民营企业敢于冒险、决策果断、机制灵活等特点，鼓励其做大做强，力争跻身领军者行列。

科学谋划未来产业发展。未来产业是新一轮科技革命和产业变革的先导产业，具有创新性、引领性强等突出特征。主要发达经济体纷纷开启了未来产业战略部署和产业布局，谋求在日益激烈的国际科技和产业竞争中抢占先机。与战略性新兴产业相比，未来产业所依赖的技术更具颠覆性和前沿性，产业化前景更不确定，对经济发展的潜在推动力更

强。进入新发展阶段，我国应前瞻谋划布局未来产业发展，加快形成发展新动能。我国应把握新一轮科技革命与产业变革趋势，在类脑智能、量子信息、基因技术、未来网络、深海空天开发、氢能与储能等前沿科技和产业变革领域，谋划发展一批具有广阔发展前景的未来产业。通过推动对前沿科技的深入探索和交叉融合创新，特别是加快对颠覆性技术的创新突破，促进未来产业快速发展，从而塑造我国先进制造业集群发展的新动能新优势。

培育集群促进组织。探索集群治理模式创新，出台集群发展促进组织培育办法。坚持政府引导、自愿组织的方式，围绕重点先进制造业集群，培育一批新型集群发展促进机构，制定发布集群发展促进组织任务清单；围绕集群协同创新、产业链升级、投融资、交流合作、区域品牌、人才培养等公共事项，引导促进组织提升能力、发挥作用。支持集群促进组织以项目为载体、以资本为纽带，与集群成员在技术、产品、市场等方面开展协作。建设一批面向集群的公共服务平台，举办推动集群成员交流合作的公共服务活动，形成多层次、高密度的网络化协作体系。引导集群促进组织加强与本领域国家级学会、组织、机构建立协同工作机制，对内构建具有黏性的集群命运共同体，发挥网络化平台作用，打通高端资源下沉通道，推动形成优势互补、组织共治、利益共享、合作共赢的集群发展模式。

强化集群促进组织赋能。当前，国家先进制造业集群建设采取竞赛机制，由集群发展促进组织代表各先进制造业集群同工业和信息化部规划司签订集群项目建设合同，实施四大类项目建设以提升集群发展水平。集群发展促进组织作为民办非营利组织，一般由行业协会等承担，在组织公共服务活动等方面有一定优势，但是在集群产业发展、战略研究方面存在不足，各地促进组织的促进作用表现参差不齐。为此，工业和信息化部等主管部门应加强促进机构能力提升，针对决赛胜出集群的促进组织分行业实施专门辅导，并通过为促进组织柔性引进国内相关产业、行业专家等方式，进一步提升集群促进组织对先进制造业集群发展的顶层设计、战略导向、发展方向、产业进展等重点问题的把握能力，为先进制造业集群高质量发展提供有力支撑。

（三）增强产业链供应链韧性，提升集群竞争力

提升集群产业链供应链韧性。加强先进制造业集群产业链供应链的抗冲击风险，在面临地缘政治、局部战争等外部冲击时保持稳定性。在供应链金融环节，我国应增强供应链金融政策支持力度，发挥银行等金融机构主导的供应链金融的政策促进作用，加强集群优势企业在供应链的金融与产业融合把控能力，提升供应链金融安全。物流方面，我国对内应建设国内统一大市场，鼓励跨区域、全网络的专业化物流服务发展；对外应需建设国际供应链物流体系，加速布局核心供应链节点和资源，积极培育国际性的物流企业，保障供应链运输稳定。此外，我国还应加强防范产业链风险，减少产业转移风险。

大力推进集群绿色低碳发展。在先进制造业集群培育过程中，能源供给的高脆弱性和能源价格的高波动性等问题突出。一方面，我国应积极开展高耗能行业的低碳转型发展，平衡好双碳目标和能源保供稳价，通过技术改造、创新升级，增加可再生能源供给，降低能源对外依赖度，最终实现制造业效率和安全的双赢，助力先进制造业集群绿色低碳发展。另一方面，我国应加强先进制造业集群在针对全球气候变化国际协作、促进各国绿色转型中的协调行动，鼓励发展绿色金融和 ESG 等可持续投融资，助力我国先进制造业集群在国际竞争中占

领绿色发展的制高点。

加快产业集群数字化转型。一是加快出台一批以集群数字化转型为直接对象的产业政策。支持各地政府因地制宜，进行产业集群数字化转型的顶层设计，摸清集群中数字化供给能力、企业数字化需求，制定集群数字化转型路线图。二是搭建集群数字化转型服务平台。将市场主导与政府引导相结合，搭建由行业龙头企业、工业互联网平台企业、系统集成商、数字化转型服务商等牵头组成联合体，集聚转型能力，汇总转型需求，破除数据孤岛和能力缺陷，助推集群内中小企业整体加快提升生产智能化、数字化水平。三是打造更多具有典型示范效应的工业互联网园区、行业平台，形成可复制、可推广的行业标准，打造一批小型化、快速化、轻量化、精准化、数字化系统解决方案，形成可复制、可推广的典型模式。

推进先进制造业与现代服务业融合。加速信息技术与制造业、先进制造业与现代服务业的深度融合，推动集群数字化发展。大力推动新型信息基础设施建设，搭建集群信息交互和技术协作平台，充分发挥大数据、云计算、人工智能、工业互联网等信息技术的链接作用，推广应用智能制造新模式。推进先进制造业与现代服务业深度融合，发展科技研发、工业设计、信息咨询等生产性服务业，积极开展服务型制造，搭建产业间信息交互和技术协作平台，通过智能化生产、网络化协同等手段促进上中下游产业跨领域融合，加快推进先进制造业集群价值链向中高端迈进。

（四）提升集群创新环境，不断优化营商环境

依托国家先进制造业集群建设的契机，积极推进体制机制改革，破

除不公平市场竞争环境，提升集群内不同创新主体协同发展能级，支持和鼓励各类新技术新业态新模式发展。在充分利用集群本地资源要素的基础上，完善集群创新发展相关各类基础设施，为集群企业打造更加适宜的创新硬件环境。

打造多元集群创新人才体系。坚持政策导向、需求导向和问题导向，围绕各集群重点发展领域和关键环节，着力引进培养一批专业人才。一是大力引进高层次创新人才。发挥用人单位的引才主体作用，加快实施针对不同先进制造业领域的引才计划。建立市场化人才认定标准和奖励机制。鼓励成立“创新人才创业基金”，支持高层次人才创新创业。二是积极推进制定本地化人才培养政策，准确把握产业发展新趋势，寻求与高质量人才培养机构开展合作，根据实际需要培养各类创新创业人才、管理人才以及高水平技术人才。三是鼓励各地根据实际情况，研究探索提高人才待遇水平，在创新创业、居住及子女教育等方面推出创新支持政策，促进人才发挥作用。

加强关键薄弱环节金融支持。积极构建与先进制造业集群发展相适应的金融支持机制，针对集群内不同生命周期、不同产业链环节的融资主体，提供多样化、差异化和个性化的金融支持。鼓励金融机构创新开发适应先进制造业集群特点的金融产品和服务，加大对集群内中小企业的金融支持力度。积极引导保险公司、融资租赁、金融租赁和融资担保等非银行金融机构为先进制造业集群发展提供融资支持和保障。聚焦产业集群领军企业、产业链薄弱环节、公共服务薄弱环节等重点领域，加强对集群内重大示范项目、产业链配套项目和服务平台项目的金融支持力度。

推进集群产学研合作。服务技术创新需求，引进教育分部和研究院所，加强集群企业与高校、科研院所对接合作，提高产学研合作水平。

加快集群内创新中心、创新平台等载体建设，完善协同创新的公共服务平台，提升创新平台从技术开发、转移扩散到产业化、商业化应用的全流程服务能力。

营造集群创新文化。加快集群内众创空间、孵化器、科技园等创新创业载体建设，鼓励集群内重点实验室、企业技术中心开放创新资源，推动创新要素的自由流动、互动共享，完善集群支持创新创业的金融服务体系和创新人才支持体系，打造“知识动态溢出、技术高效扩散、成果持续转化”的创新创业生态，营造尊重创造、勇于创新、宽容失败和公平竞争的创新文化。

（五）推进高层次对外开放，加强区域协同合作

加强集群培育的区域协同。先进制造业集群不是一个封闭的产业组织，而是一个根植于地方比较优势，具有高度包容性的开放系统。在先进制造业集群培育过程中，我国要突破行政壁垒的约束，推动先进制造业集群直接跨区域协作，鼓励地理位置、经济、文化等方面接近的产业集群加强产业、科技、创新、管理、运营等方面的经验交流和合作，实现邻近集群间的产业互联、业务互通、资源互助、信息互用，以区域间大协同提升先进制造业集群生产率、市场占有率和集群竞争力。同时，国家层面还要引导一些地方政府跳出集群培育的“区域小循环”思维，协同全国及全球的优势创新资源，着力推动集群与龙头企业间、集群与集群间协作配套，加快形成多集群耦合、根植于我国的世界级先进制造业集群群体。

推进先进制造业集群开放合作。培育世界级先进制造业集群，必须将开放合作作为保持集群活力的源泉，整合国际资源，嵌入全球价值

链，在全球进行优化布局，提升国际竞争力。推动先进制造业集群与国外集群建立战略合作机制，在产业合作、制度学习、文化培训、人才交流等方面开展合作，提升先进制造业集群对外的影响力。鼓励集群企业“走出去”和“引进来”，主动嵌入全球产业链、价值链和创新链，强化国内外联合研发创新，共同攻关新技术、拓展新业务、开辟新市场、分享新机遇。一方面，有效组合和完善产业集群出口贸易、技术转让和对外直接投资，技术装备“走出去”与配套服务协同推进，加强与国际一流企业合作。重点培育以技术、标准、品牌、质量、服务为核心的对外经济新优势。促进企业创新商业运作模式，构建全产业链战略联盟，形成综合竞争优势。另一方面，抓住集群产业链关键环节，将建链补链强链与引资引技引智相结合。吸引跨国公司、研发机构、高等学校入驻先进制造业集聚区，加强与世界500强和行业领军企业以及知名院所机构的合作。

附录

先进制造业集群相关政策和规划选编

第一部分：先进制造业集群相关政策

党的十九大报告（节选）

深化供给侧结构性改革。建设现代化经济体系，必须把发展经济的着力点放在实体经济上，把提高供给体系质量作为主攻方向，显著增强我国经济质量优势。加快建设制造强国，加快发展先进制造业，推动互联网、大数据、人工智能和实体经济深度融合，在中高端消费、创新引领、绿色低碳、共享经济、现代供应链、人力资本服务等领域培育新增长点、形成新动能。支持传统产业优化升级，加快发展现代服务业，瞄准国际标准提高水平。促进我国产业迈向全球价值链中高端，培育若干世界级先进制造业集群。加强水利、铁路、公路、水运、航空、管道、电网、信息、物流等基础设施网络建设。坚持去产能、去库存、去杠杆、降成本、补短板，优化存量资源配置，扩大优质增量供给，实现供需动态平衡。激发和保护企业家精神，鼓励更多社会主体投身创新创业。建设知识型、技能型、创新型劳动者大军，弘扬劳模精神和工匠精神，营造劳动光荣的社会风尚和精益求精的敬业风气。

《中共中央关于制定国民经济和社会发展第十四个五年规划和二〇三五年远景目标的建议》（节选）

发展战略性新兴产业。加快壮大新一代信息技术、生物技术、新能源、新材料、高端装备、新能源汽车、绿色环保以及航空航天、海洋装备等产业。推动互联网、大数据、人工智能等同各产业深度融合，推动先进制造业集群发展，构建一批各具特色、优势互补、结构合理的战略性新兴产业增长引擎，培育新技术、新产品、新业态、新模式。促进平台经济、共享经济健康发展。鼓励企业兼并重组，防止低水平重复建设。

加快数字化发展。发展数字经济，推进数字产业化和产业数字化，推动数字经济和实体经济深度融合，打造具有国际竞争力的数字产业集群。加强数字社会、数字政府建设，提升公共服务、社会治理等数字化智能化水平。建立数据资源产权、交易流通、跨境传输和安全保护等基础制度和标准规范，推动数据资源开发利用。扩大基础公共信息数据有序开放，建设国家数据统一共享开放平台。保障国家数据安全，加强个人信息保护。提升全民数字技能，实现信息服务全覆盖。积极参与数字领域国际规则和标准制定。

党的二十大报告（节选）

构建高水平社会主义市场经济体制。坚持和完善社会主义基本经济制度，毫不动摇巩固和发展公有制经济，毫不动摇鼓励、支持、引导非公有制经济发展，充分发挥市场在资源配置中的决定性作用，更好发挥政府作用。

建设现代化产业体系。坚持把发展经济的着力点放在实体经济上，推进新型工业化，加快建设制造强国、质量强国、航天强国、交通强国、网络强国、数字中国。

全面推进乡村振兴。坚持农业农村优先发展，巩固拓展脱贫攻坚成果，加快建设农业强国，扎实推动乡村产业、人才、文化、生态、组织振兴。全方位夯实粮食安全根基，牢牢守住十八亿亩耕地红线，确保中国人的饭碗牢牢端在自己手中。

促进区域协调发展。深入实施区域协调发展战略、区域重大战略、主体功能区战略、新型城镇化战略，优化重大生产力布局，构建优势互补、高质量发展的区域经济布局和国土空间体系。

推进高水平对外开放。稳步扩大规则、规制、管理、标准等制度型开放，加快建设贸易强国，推动共建"一带一路"高质量发展，维护多元稳定的国际经济格局和经贸关系。

《国务院关于加快培育和发展战略性新兴产业的决定》（节选）

战略性新兴产业是引导未来经济社会发展的重要力量。发展战略性新兴产业已成为世界主要国家抢占新一轮经济和科技发展制高点的重大战略。我国正处在全面建设小康社会的关键时期，必须按照科学发展观的要求，抓住机遇，明确方向，突出重点，加快培育和发展战略性新兴产业。

二、坚持创新发展，将战略性新兴产业加快培育成为先导产业和支柱产业

（二）基本原则。

坚持整体推进与重点领域跨越发展相结合。要对发展战略性新兴产

业进行统筹规划、系统布局，明确发展时序，促进协调发展。同时，要选择最有基础和条件的领域作为突破口，重点推进。大力培育产业集群，促进优势区域率先发展。

（三）发展目标。

到2020年，战略性新兴产业增加值占国内生产总值的比重力争达到15%左右，吸纳、带动就业能力显著提高。节能环保、新一代信息技术、生物、高端装备制造产业成为国民经济的支柱产业，新能源、新材料、新能源汽车产业成为国民经济的先导产业；创新能力大幅提升，掌握一批关键核心技术，在局部领域达到世界领先水平；形成一批具有国际影响力的大企业和一批创新活力旺盛的中小企业；建成一批产业链完善、创新能力强、特色鲜明的战略性新兴产业集聚区。

三、立足国情，努力实现重点领域快速健康发展

根据战略性新兴产业的发展阶段和特点，要进一步明确发展的重点方向和主要任务，统筹部署，集中力量，加快推进。

（一）节能环保产业。重点开发推广高效节能技术装备及产品，实现重点领域关键技术突破，带动能效整体水平的提高。加快资源循环利用关键共性技术研发和产业化示范，提高资源综合利用水平和再制造产业化水平。示范推广先进环保技术装备及产品，提升污染防治水平。推进市场化节能环保服务体系建设。加快建立以先进技术为支撑的废旧商品回收利用体系，积极推进煤炭清洁利用、海水综合利用。

（三）生物产业。大力发展用于重大疾病防治的生物技术药物、新型疫苗和诊断试剂、化学药物、现代中药等创新药物大品种，提升生物医药产业水平。加快先进医疗设备、医用材料等生物医学工程产品的研发和产业化，促进规模化发展。着力培育生物育种产业，积极推广绿色农用生物产品，促进生物农业加快发展。推进生物制造关键技术开发、

示范与应用。加快海洋生物技术及产品的研发和产业化。

（四）高端装备制造产业。重点发展以干支线飞机和通用飞机为主的航空装备，做大做强航空产业。积极推进空间基础设施建设，促进卫星及其应用产业发展。依托客运专线和城市轨道交通等重点工程建设，大力发展轨道交通装备。面向海洋资源开发，大力发展海洋工程装备。强化基础配套能力，积极发展以数字化、柔性化及系统集成技术为核心的智能制造装备。

四、强化科技创新，提升产业核心竞争力

（二）强化企业技术创新能力建设。加大企业研究开发的投入力度，对面向应用、具有明确市场前景的政府科技计划项目，建立由骨干企业牵头组织、科研机构和高校共同参与实施的有效机制。依托骨干企业，围绕关键核心技术的研发和系统集成，支持建设若干具有世界先进水平的工程化平台，结合技术创新工程的实施，发展一批由企业主导，科研机构、高校积极参与的产业技术创新联盟。加强财税政策引导，激励企业增加研发投入。加强产业集聚区公共技术服务平台建设，促进中小企业创新发展。

（六）推进重大科技成果产业化和产业集聚发展。完善科技成果产业化机制，加大实施产业化示范工程力度，积极推进重大装备应用，建立健全科研机构、高校的创新成果发布制度和技术转移机构，促进技术转移和扩散，加速科技成果转化为现实生产力。依托具有优势的产业集聚区，培育一批创新能力强、创业环境好、特色突出、集聚发展的战略性新兴产业示范基地，形成增长极，辐射带动区域经济发展。

五、积极培育市场，营造良好市场环境

要充分发挥市场的基础性作用，充分调动企业积极性，加强基础设施建设，积极培育市场，规范市场秩序，为各类企业健康发展创造公平、良好的环境。

（一）组织实施重大应用示范工程。坚持以应用促发展，围绕提高人民群众健康水平、缓解环境资源制约等紧迫需求，选择处于产业化初期、社会效益显著、市场机制难以有效发挥作用的重大技术和产品，统筹衔接现有试验示范工程，组织实施全民健康、绿色发展、智能制造、材料换代、信息惠民等重大应用示范工程，引导消费模式转变，培育市场，拉动产业发展。

《关于扩大战略性新兴产业投资培育壮大新增长点增长极的指导意见》（发改高技〔2020〕1409号）（节选）

为深入贯彻落实党中央、国务院关于在常态化疫情防控中扎实做好“六稳”工作，全面落实“六保”任务，扩大战略性新兴产业投资、培育壮大新的增长点增长极的决策部署，更好发挥战略性新兴产业重要引擎作用，加快构建现代化产业体系，推动经济高质量发展，现提出如下意见。

一、总体要求

以习近平新时代中国特色社会主义思想为指导，全面贯彻党的十九大和十九届二中、三中、四中全会精神，统筹做好疫情防控和经济社会发展工作，坚定不移贯彻新发展理念，围绕重点产业链、龙头企业、重大投资项目，加强要素保障，促进上下游、产供销、大中小企业协同，加快推动战略性新兴产业高质量发展，培育壮大经济发展新动能。

——聚焦重点产业领域。着力扬优势、补短板、强弱项，加快适应、引领、创造新需求，推动重点产业领域形成规模效应。

——打造集聚发展高地。充分发挥产业集群要素资源集聚、产业协同高效、产业生态完备等优势，利用好自由贸易试验区、自由贸易港等开放平台，促进形成新的区域增长极。

二、聚焦重点产业投资领域

（一）加快新一代信息技术产业提质增效。

（二）加快生物产业创新发展步伐。

（三）加快高端装备制造产业补短板。

（四）加快新材料产业强弱项。

（五）加快新能源产业跨越式发展。

（六）加快智能及新能源汽车产业基础支撑能力建设。

（七）加快节能环保产业试点示范。

（八）加快数字创意产业融合发展。

三、打造产业集聚发展新高地

（九）深入推进国家战略性新兴产业集群发展工程。构建产业集群梯次发展体系，培育和打造10个具有全球影响力的战略性新兴产业基地、100个具备国际竞争力的战略性新兴产业集群，引导和储备1000个各具特色的战略性新兴产业生态，形成分工明确、相互衔接的发展格局。适时启动新一批国家战略性新兴产业集群建设。培育若干世界级先进制造业集群。

（十）增强产业集群创新引领力。启动实施产业集群创新能力提升工程。发挥科技创新中心、综合性国家科学中心创新资源丰富的优势，推动特色产业集群发展壮大。依托集群内优势产学研单位联合建设一批产业创新中心、工程研究中心、产业计量测试中心、质检中心、企业技术中心、标准创新基地、技术创新中心、制造业创新中心、产业知识产权运营中心等创新平台和重点地区承接产业转移平台。推动产业链关键环节企业建设产业集群协同创新中心和产业研究院。

（十一）推进产城深度融合。启动实施产业集群产城融合示范工程。以产业集群建设推动生产、生活、生态融合发展，促进加快形成创新引领、要素富集、空间集约、宜居宜业的产业生态综合体。开展基础设施领域不动产投资信托基金（REITs）试点。

（十二）聚焦产业集群应用场景营造。启动实施产业集群应用场景建设工程。围绕5G、人工智能、车联网、大数据、区块链、工业互联网等领域，率先在具备条件的集群内试点建设一批应用场景示范工程，定期面向特定市场主体发布应用场景项目清单，择优评选若干新兴产业应用场景进行示范推广，并给予应用方一定支持。

（十三）提高产业集群公共服务能力。实施产业集群公共服务能力提升工程。依托行业协会、专业机构、科研单位等建设一批专业化产业集群促进机构。推进国家标准参考数据体系建设。建设产业集群创新和公共服务综合体，强化研发设计、计量测试、标准认证、中试验证、检验检测、智能制造、产业互联网、创新转化等产业公共服务平台支撑，打造集技术转移、产业加速、孵化转化等为一体的高品质产业空间。在智能制造、绿色制造、工业互联网等领域培育一批解决方案供应商。支持有条件的集群聚焦新兴应用开展5G、数据中心、人工智能、工业互联网、车联网、物联网等新型基础设施建设。

《国家发展改革委关于促进产业集群发展的若干意见》（节选）

改革开放以来，我国产业集群发展迅速，在促进经济社会发展中发挥着越来越重要的作用，但也存在一些急需研究解决的问题。为促进产业集群又好又快发展，大力实施中小企业成长工程，按照《国务院关于鼓励支持和引导个体私营等非公有制经济发展的若干意见》和《国民经济和社会发展第十一个五年规划纲要》要求，现提出如下意见。

一、我国产业集群发展现状与存在问题

改革开放以来特别是近年来，产业集群已成为我国区域经济发展的重要产业组织形式和载体。随着国家统筹区域发展战略的实施和区域经济结构调整步伐加快，目前，东部沿海省市产业集群已占到本区域工业增加值的50%以上，中西部地区产业集群发展迅速，东北地区装备制造业集群优势日益显现。同时，产业集群覆盖了纺织、服装、皮革、五金制品、工艺美术等大部分传统行业，在信息技术、生物工程、新材料以及文化创意产业等高新技术领域加速发展，并涌现出一批龙头骨干企业和区域品牌。

实践表明，产业集群在强化专业化分工、发挥协作配套效应、降低创新成本、优化生产要素配置等方面作用显著，是工业化发展到一定阶段的必然趋势。引导和促进产业集群发展，有利于优化经济结构，转变经济发展方式；有利于集约使用土地等资源，集中进行环境治理；有利于带动中小企业发展，提升区域和产业竞争力；有利于统筹区域和城乡发展，加快工业化和城镇化进程，对于实现全面建设小康社会目标和社会主义和谐社会建设具有十分重要的意义。当前，产业集群发展过程中也存在一些值得注意和需要解决的问题，主要是：对产业集群发展缺乏整体规划和引导，一些地区盲目搞园区建设、铺摊子、上项目，导致地区分割、资源浪费严重；部分产业集群以贴牌生产为主，技术含量较低，产业链不完善，自主品牌和创新能力缺乏；社会化服务体系不健全，特别是对产业集群配套的生产性服务业发展滞后，有些对分散排放没有集中治理，环境污染严重，有些落后生产能力在产业转移中没有依法淘汰。为解决上述问题，研究提出《促进产业集群发展的若干意见》。

二、促进产业集群发展的总体思路和措施

促进产业集群发展，必须牢固树立和落实科学发展观，切实把产业集群发展和转变经济发展方式、促进结构调整和产业升级、推进技术进步、实现节能减排有机结合起来，加强科学规划引导，优化产业集聚环境，突出优势和特色，提高专业化协作水平，增强自主创新能力，加强资源节约和环境保护，培育和发展一批特色明显、结构优化、体系完整、环境友好和市场竞争力强的产业集群，切实推动产业集群转入科学发展轨道。

三、加强组织领导，切实搞好产业集群工作

（一）加强对产业集群工作的宏观指导。要充分认识产业集群的重要作用，把发展产业集群作为推动转变经济发展方式的重要途径，建立和完善促进产业集群发展的工作协调机制，切实加强对产业集群发展的宏观管理、规划引导和协调服务。要组织研究制定本区域重点产业集群发展战略和规划，并纳入各级规划体系。加强对产业集群培训力度，建立产业集群信息交流平台。建立健全产业集群的统计监测体系。

（二）加大对产业集群财政和金融支持力度。统筹政府相关部门政策手段，形成共同扶持产业集群发展的合力。现有各项财政专项资金要向产业集群公共服务平台和龙头企业倾斜，有条件的地区可设立产业集群发展专项资金，重点用于产业集群发展环境建设。加强产业集群与各类金融机构的对接与合作，搭建产业集群新型融资平台。充分发挥国家开发性金融在县域经济发展中的作用，完善对外投资、进出口信贷和出口信用保险等支持措施。开展以产业集群中小企业发行集合式企业债券等方式进入资本市场的探索。

（三）推动重点产业集群示范建设。各地要选择一批具备条件的产业集群作为工作重点，加强调查研究，发挥其在产业升级、服务平台建设等方面的示范引导作用。要按照规划科学、布局合理、技术先进、环境友好等方面要求，在全国推动一批重点产业集群示范建设，支持一批产业集群环境建设项目，促进产业集群做强做大。

《工业和信息化部关于进一步促进产业集群发展的指导意见》

（工信部企业〔2015〕236号）（节选）

产业集群是中小企业发展的重要组织形式和载体，对推动企业专业化分工协作、有效配置生产要素、降低创新创业成本、节约社会资源、促进区域经济社会发展都具有重要意义。经过多年的发展，我国产业集群已逐步发展壮大，一些地区产业集群销售收入已达到本地企业销售收入一半以上，产业集群对区域经济的支撑作用日益明显。但目前产业集群发展总体水平还不高，部分产业集群集聚度较低，创新能力弱、信息化水平低、品牌建设不够、公共服务滞后、基础设施不配套，亟待转型升级，提升发展能力。按照国务院促进中小企业发展和《中国制造2025》的要求，现就推动产业集群转型升级，进一步促进产业集群发展，提出以下意见。

一、加强规划引导，促进产业集群科学发展

（一）按照布局合理、产业协同、资源节约、生态环保的原则，对产业集群进行规划布局和功能定位。产业集群发展规划要纳入本地区发展规划，与城乡规划、土地利用总体规划等有机衔接。

（二）鼓励支持在产业集群中建设中小企业产业（工业）园区、小型微型企业创业创新基地、创客空间等中小企业创业创新集聚区，鼓励有条件的产业集群建设多层标准厂房，高效开发利用土地。

（三）加强产业集群基础设施保障，推进产业集群生态文明建设。

完善产业集群能源供应、给排水、排污综合治理等基础设施，推广节能减排共性技术，鼓励企业参与节能减排投融资、合同能源管理、开展清洁生产审核，推动建立集群内废旧物回收处理、再制造工程咨询等第三方环境治理方式，加强节能管理和“三废”有效治理，推动绿色低碳循环发展。

二、提升龙头骨干企业带动作用，强化专业化协作和配套能力

（四）发挥龙头骨干企业的示范带动效应。每个产业集群应明确2~3家龙头骨干企业，并对其重点扶持。鼓励龙头骨干企业将配套中小企业纳入共同的供应链管理、质量管理、标准管理、合作研发管理等，提升专业化协作和配套能力。支持龙头骨干企业建立开放性研发平台向中小配套企业开放，推动协同制造和协同创新。

（五）鼓励和引导中小企业与龙头骨干企业开展多种形式的经济技术合作，建立稳定的供应、生产、销售等协作、配套关系，提高专业化协作水平，完善产业链，打造创新链，提升价值链，推动中小企业“专精特新”发展，培育和发展一批成长性好的企业。

三、加强区域品牌建设，推动要素聚集和价值提升

（六）组织开展区域品牌建设工作，发挥行业协会、技术机构、龙头骨干企业和中小企业作用，联合打造区域品牌。鼓励产业集群制定区域品牌发展规划，开展区域品牌策划与设计，申报注册国家地理标志、集体商标、原产地、证明标志等集体品牌，保护区域品牌知识产权，深化区域品牌内涵。建立健全区域品牌评价制度，加强区域品牌信誉和风险管理，确保区域品牌健康发展。

（七）支持建设产业集群展览展示平台、电子商务平台等公共营销渠道，推动线上电子商务与线下专业市场融合发展。支持开展区域品牌宣传推广，鼓励有条件的产业集群发展工业旅游和产业旅游，引导企业

参与宣传区域品牌，共同扩大区域品牌和企业品牌的社会影响。

四、提高产业集群信息化水平，建设智慧集群

（八）加强产业集群光纤宽带网络和移动通信网络建设，深化移动互联网、云计算、大数据、物联网等新一代信息技术在产业集群中的应用。加快信息技术改造传统产业，支持对企业设计、制造、管理、销售、服务等关键环节的信息化应用能力提升，发展网络制造等新型生产方式，开展网络实时诊断、流程优化再造、云服务等新型服务。

（九）实施互联网＋产业集群建设行动，建设“智慧集群”。选择一批管理规范、产业集聚度高、创新能力强、信息化基础好、引导带动作用大的重点产业集群，开展百家“智慧集群”建设和认定工作，总结推广“智慧集群”发展经验。

五、提升创新能力，增强集群竞争优势

（十）鼓励和支持产业集群与高校、科研机构建立产学研用协同创新网络，采取多种形式建立产业集群研发中心、设计中心和工程技术中心等。培育建设一批产业、产品协同研发平台，推动产业集群共性技术研发和推广应用，引导创新资源向集群集聚。鼓励和引导企业间联合组建产业联盟或研发联盟等新型合作模式，强化产业链整合和供应链管理。

（十一）引导企业采用国内外先进技术标准，推进可靠性管理体系建设，强化工艺、质量、节能、环保、卫生等标准化管理。推进产品国际标准认证，支持企业参与行业、国家和国际标准制订和修订。

（十二）建立产业集群知识产权服务机制，保护技术创新成果及知识产权。鼓励建立产业集群知识产权联盟，解决共性问题，推动知识产权共享，增强中小企业的知识产权创造、运用、管理和保护能力。

六、提升公共服务能力，支撑产业集群转型升级

（十三）支持产业集群公共服务平台建设，发挥中小企业公共服务平台网络的作用，集聚优质服务资源，采取政府购买服务、无偿资助、业务奖励等形式，鼓励各类服务机构提供服务，扩大公共服务的覆盖面和受益面。加速先进制造技术的推广应用，支持新产品认证服务，增强产品检测服务能力。支持科研院所、高校向产业集群开放重大科研基础设施和大型科研仪器。建立创业创新项目库，提供技术应用、融资支持、商务和政务代理等服务。加快建立社会化、专业化现代物流服务网络。

（十四）建立健全产业集群多层次、多类别的人才培养机制，鼓励利用社会培训资源开展产业集群人力资源培训。加强产业集群内企业科技创新人才、高技能人才培养。加大集群内“专精特新”企业经营管理人员培训，将其纳入企业经营管理人员素质提升工程。引进国内外职业培训机构，提升职业教育水平。支持集群内企业员工参与国内外职业技能比赛。

（十五）支持发展行业协会和产业联盟，引导和推动产业集群依法组建行业协会、商会。充分发挥行业协会行业自律、教育培训和品牌营销作用，开展行业标准制定、商业模式推介等示范活动。支持行业协会或联盟成员间实行集约化采购、共有品牌等多种合作共享模式，打造利益共同体。

七、加强指导和政策支持，优化产业集群发展环境

（十六）各地要把提升产业集群发展能力、促进产业集群转型升级作为推动中小企业发展的重要工作内容。建立和完善促进产业集群发展工作协调机制，切实加强对产业集群发展的管理、指导和服务。要根据实际制定和完善本地产业集群发展规划，加强规划引导。

（十七）建立产业集群运行监测制度，鼓励有条件的地区和行业研究发布产业集群指数，加强预警和引导。建立产业集群评价机制，完善评价考核和分类指导。

（十八）各级企业技术改造或转型升级专项资金、中小企业发展专项资金、基金及服务体系建设资金，对产业集群龙头骨干企业转型升级、公共服务平台建设、智慧集群建设、集群企业或机构在产业链各环节的合作创新、产业集群发展规划制定等优先给予资金支持。符合条件的国家中小企业公共服务示范平台中的技术类服务平台，对其在合理数量范围内进口国内不能生产或者国内产品性能尚不能满足需要的科技开发用品，免征进口关税和进口环节增值税、消费税。

（十九）落实支持中小企业发展的金融政策，重点加强和改善产业集群中小企业金融服务。积极引导银行业金融机构创新金融产品和金融服务，以及知识产权质押、股权质押、仓单质押、商业信用保险保单等多种融资方式。建立和完善集群企业信用体系，推动信用信息共享。鼓励金融机构、投资机构、中小企业信用担保机构与产业集群建立项目对接，搭建合作平台。

（二十）推动产业集群合作交流。以培训、研讨、展览、项目对接等方式为媒介，促进人才、技术、资本、服务、信息等创新要素的流动和共享。建立产业集群国际合作交流机制，鼓励有条件的产业集群“走出去”，加强国际合作。

《国家火炬计划特色产业基地认定条件和办法》（节选）

第三条　特色产业基地是指在特定地域内，在实施火炬计划的基础上，发挥当地的资源和技术优势，依托一批产业特色鲜明、产业关联度大、技术水平高的高新技术企业而建立起来的高新技术产业集群。

第二部分：先进制造业集群相关规划

《国务院关于印发“十三五”国家战略性新兴产业发展规划的通知》（国发〔2016〕67号）（节选）

一、加快壮大战略性新兴产业，打造经济社会发展新引擎

（三）主要原则。

坚持产业集聚。集约集聚是战略性新兴产业发展的基本模式。要以科技创新为源头，加快打造战略性新兴产业发展策源地，提升产业集群持续发展能力和国际竞争力。以产业链和创新链协同发展为途径，培育新业态、新模式，发展特色产业集群，带动区域经济转型，形成创新经济集聚发展新格局。

（四）发展目标。

到2020年，战略性新兴产业发展要实现以下目标。

产业结构进一步优化，形成产业新体系。发展一批原创能力强、具有国际影响力和品牌美誉度的行业排头兵企业，活力强劲、勇于开拓的中小企业持续涌现。中高端制造业、知识密集型服务业比重大幅提升，支撑产业迈向中高端水平。形成若干具有全球影响力的战略性新兴产业发展策源地和技术创新中心，打造百余个特色鲜明、创新能力强的新兴

产业集群。

二、推动信息技术产业跨越发展，拓展网络经济新空间

（五）发展人工智能。培育人工智能产业生态，促进人工智能在经济社会重点领域推广应用，打造国际领先的技术体系。

加快人工智能支撑体系建设。推动类脑研究等基础理论和技术研究，加快基于人工智能的计算机视听觉、生物特征识别、新型人机交互、智能决策控制等应用技术研发和产业化，支持人工智能领域的基础软硬件开发。加快视频、地图及行业应用数据等人工智能海量训练资源库和基础资源服务公共平台建设，建设支撑大规模深度学习的新型计算集群。鼓励领先企业或机构提供人工智能研发工具以及检验评测、创业咨询、人才培养等创业创新服务。

四、加快生物产业创新发展步伐，培育生物经济新动力

把握生命科学纵深发展、生物新技术广泛应用和融合创新的新趋势，以基因技术快速发展为契机，推动医疗向精准医疗和个性化医疗发展，加快农业育种向高效精准育种升级转化，拓展海洋生物资源新领域、促进生物工艺和产品在更广泛领域替代应用，以新的发展模式助力生物能源大规模应用，培育高品质专业化生物服务新业态，将生物经济加速打造成为继信息经济后的重要新经济形态，为健康中国、美丽中国建设提供新支撑。到 2020 年，生物产业规模达到 8 万亿~10 万亿元，形成一批具有较强国际竞争力的新型生物技术企业和生物经济集群。

八、促进战略性新兴产业集聚发展，构建协调发展新格局

立足区域发展总体战略，围绕推进“一带一路”建设、京津冀协同发展、长江经济带发展，根据各地产业基础和特色优势，坚持因地制宜、因业布局、因时施策，加快形成点面结合、优势互补、错位发展、

协调共享的战略性新兴产业发展格局。

（一）打造战略性新兴产业策源地。支持创新资源富集的中心城市形成以扩散知识技术为主要特征的战略性新兴产业策源地。发挥策源地城市科研人才密集、学科齐全、国际交流频繁等优势，支持建设一批国际一流的大学和科研机构，强化重点领域基础研究，大力促进新兴学科、交叉学科发展，支持建设新兴交叉学科研究中心，推进信息、生命、医疗、能源等领域原创性、颠覆性、支撑性技术开发，推动产学研用联动融合，形成引领战略性新兴产业发展的“辐射源”。

（二）壮大一批世界级战略性新兴产业发展集聚区。依托城市群建设，以全面创新改革试验区为重点，发展知识密集型战略性新兴产业集群，打造10个左右具有全球影响力、引领我国战略性新兴产业发展的标志性产业集聚区，推动形成战略性新兴产业发展的体制机制创新区、产业链创新链融合区、国际合作承载区。在东部地区打造国际一流的战略性新兴产业城市群，围绕京津冀协同发展，加强京津冀经济与科技人才联动，形成辐射带动环渤海地区和北方腹地发展的战略性新兴产业发展共同体；发挥长三角城市群对长江经济带的引领作用，以上海、南京、杭州、合肥、苏锡常等都市圈为支点，构筑点面结合、链群交融的产业发展格局；以广州、深圳为核心，全面提升珠三角城市群战略性新兴产业的国际竞争力，延伸布局产业链和服务链，带动区域经济转型发展；推动山东半岛城市群重点发展生物医药、高端装备制造、新一代信息技术、新材料等产业和海洋经济；围绕福州、厦门等重点城市，推动海峡西岸地区生物、海洋、集成电路等产业发展。依托中西部地区产业基础，大力推进成渝地区、武汉都市圈、长株潭城市群、中原城市群、关中平原城市群等重点区域战略性新兴产业发展，积极创造条件承接东部地区产业转移；支持昆明、贵阳等城市发展具有比较优势的产业，促进长江经济带上中下游地区产业协同发展。对接丝绸之路经济带建设，促进天山北坡、兰州—西宁等西北地区城市群发展特色产业。推动东北地区大力发展机器人及智能装备、光电子、生物医药及医疗器械、信息服务等产业，以沈阳、大连、哈尔滨、长春为支点，支持东北地区城市群打造国内领先的战略性新兴产业集群，带动区域经济转型升级。

（三）培育战略性新兴产业特色集群。充分发挥现有产业集聚区作用，通过体制机制创新激发市场活力，采用市场化方式促进产业集聚，完善扶持政策，加大扶持力度，培育百余个特色鲜明、大中小企业协同发展的优势产业集群和特色产业链。完善政府引导产业集聚方式，由招商引资向引资、引智、引技并举转变，打造以人才和科技投入为主的新经济；由“引进来”向“引进来”“走出去”并重转变，充分整合利用全球创新资源和市场资源；由注重产业链发展向产业链、创新链协同转变，聚焦重点产业领域，依托科研机构和企业研发基础，提升产业创新能力；由产城分离向产城融合转变，推动研究机构、创新人才与企业相对集中，促进不同创新主体良性互动。避免对市场行为的过度干预，防止园区重复建设。鼓励战略性新兴产业向国家级新区等重点功能平台集聚。

九、推进战略性新兴产业开放发展，拓展合作新路径

贯彻国家开放发展战略部署，构建战略性新兴产业国际合作新机制，建设全球创新发展网络，推动产业链全球布局，拓展发展新路径。

《中华人民共和国国民经济和社会发展第十四个五年规划和2035年远景目标纲要》（节选）

第五章　提升企业技术创新能力

第二节　支持产业共性基础技术研发

集中力量整合提升一批关键共性技术平台，支持行业龙头企业联合高等院校、科研院所和行业上下游企业共建国家产业创新中心，承担国家重大科技项目。支持有条件企业联合转制科研院所组建行业研究院，提供公益性共性技术服务。打造新型共性技术平台，解决跨行业跨领域关键共性技术问题。发挥大企业引领支撑作用，支持创新型中小微企业成长为创新重要发源地，推动产业链上中下游、大中小企业融通创新。鼓励有条件地方依托产业集群创办混合所有制产业技术研究院，服务区域关键共性技术研发。

第八章　深入实施制造强国战略

第三节　推动制造业优化升级

深入实施智能制造和绿色制造工程，发展服务型制造新模式，推动制造业高端化智能化绿色化。培育先进制造业集群，推动集成电路、航空航天、船舶与海洋工程装备、机器人、先进轨道交通装备、先进电力装备、工程机械、高端数控机床、医药及医疗设备等产业创新发展。改造提升传统产业，推动石化、钢铁、有色、建材等原材料产业布局优化和结构调整，扩大轻工、纺织等优质产品供给，加快化工、造纸等重点行业企业改造升级，完善绿色制造体系。深入实施增强制造业核心竞争力和技术改造专项，鼓励企业应用先进适用技术、加强设备更新和新产品规模化应用。建设智能制造示范工厂，完善智能制造标准体系。深入实施质量提升行动，推动制造业产品

“增品种、提品质、创品牌”。

第九章　发展壮大战略性新兴产业

着眼于抢占未来产业发展先机，培育先导性和支柱性产业，推动战略性新兴产业融合化、集群化、生态化发展，战略性新兴产业增加值占GDP比重超过17%。

第一节　构筑产业体系新支柱

聚焦新一代信息技术、生物技术、新能源、新材料、高端装备、新能源汽车、绿色环保以及航空航天、海洋装备等战略性新兴产业，加快关键核心技术创新应用，增强要素保障能力，培育壮大产业发展新动能。推动生物技术和信息技术融合创新，加快发展生物医药、生物育种、生物材料、生物能源等产业，做大做强生物经济。深化北斗系统推广应用，推动北斗产业高质量发展。深入推进国家战略性新兴产业集群发展工程，健全产业集群组织管理和专业化推进机制，建设创新和公共服务综合体，构建一批各具特色、优势互补、结构合理的战略性新兴产业增长引擎。鼓励技术创新和企业兼并重组，防止低水平重复建设。发挥产业投资基金引导作用，加大融资担保和风险补偿力度。

第十一章　建设现代化基础设施体系

第一节　加快建设新型基础设施

围绕强化数字转型、智能升级、融合创新支撑，布局建设信息基础设施、融合基础设施、创新基础设施等新型基础设施。建设高速泛在、天地一体、集成互联、安全高效的信息基础设施，增强数据感知、传输、存储和运算能力。加快5G网络规模化部署，用户普及率提高到56%，推广升级千兆光纤网络。前瞻布局6G网络技术储备。扩容骨干网互联节点，新设一批国际通信出入口，全面推进互联网协议第六版

（IPv6）商用部署。实施中西部地区中小城市基础网络完善工程。推动物联网全面发展，打造支持固移融合、宽窄结合的物联接入能力。加快构建全国一体化大数据中心体系，强化算力统筹智能调度，建设若干国家枢纽节点和大数据中心集群，建设E级和10E级超级计算中心。积极稳妥发展工业互联网和车联网。打造全球覆盖、高效运行的通信、导航、遥感空间基础设施体系，建设商业航天发射场。加快交通、能源、市政等传统基础设施数字化改造，加强泛在感知、终端联网、智能调度体系建设。发挥市场主导作用，打通多元化投资渠道，构建新型基础设施标准体系。

第二十八章　完善城镇化空间布局

第四节　完善大中城市宜居宜业功能

充分利用综合成本相对较低的优势，主动承接超大特大城市产业转移和功能疏解，夯实实体经济发展基础。立足特色资源和产业基础，确立制造业差异化定位，推动制造业规模化集群化发展，因地制宜建设先进制造业基地、商贸物流中心和区域专业服务中心。优化市政公用设施布局和功能，支持三级医院和高等院校在大中城市布局，增加文化体育资源供给，营造现代时尚的消费场景，提升城市生活品质。

第三十二章　深入实施区域协调发展战略

第三节　开创中部地区崛起新局面

着力打造重要先进制造业基地、提高关键领域自主创新能力、建设内陆地区开放高地、巩固生态绿色发展格局，推动中部地区加快崛起。做大做强先进制造业，在长江、京广、陇海、京九等沿线建设一批中高端产业集群，积极承接新兴产业布局和转移。推动长江中游城市群协同发展，加快武汉、长株潭都市圈建设，打造全国重要增长极。夯实粮食生产基础，不断提高农业综合效益和竞争力，加快发展现代农业。加强生态环境共保联治，着力构筑生态安全屏障。支持淮河、汉江生态经济带上下游合作联动发展。加快对外开放通道建设，高标准高水平建设内陆地区开放平台。提升公共服务保障特别是应对公共卫生等重大突发事件能力。

第四节　鼓励东部地区加快推进现代化

发挥创新要素集聚优势，加快在创新引领上实现突破，推动东部地区率先实现高质量发展。加快培育世界级先进制造业集群，引领新兴产业和现代服务业发展，提升要素产出效率，率先实现产业升级。更高层次参与国际经济合作和竞争，打造对外开放新优势，率先建立全方位开放型经济体系。支持深圳建设中国特色社会主义先行示范区、浦东打造社会主义现代化建设引领区、浙江高质量发展建设共同富裕示范区。深入推进山东新旧动能转换综合试验区建设。

第三十三章　积极拓展海洋经济发展空间

坚持陆海统筹、人海和谐、合作共赢，协同推进海洋生态保护、海洋经济发展和海洋权益维护，加快建设海洋强国。

第一节　建设现代海洋产业体系

围绕海洋工程、海洋资源、海洋环境等领域突破一批关键核心技术。培育壮大海洋工程装备、海洋生物医药产业，推进海水淡化和海洋能规模化利用，提高海洋文化旅游开发水平。优化近海绿色养殖布局，建设海洋牧场，发展可持续远洋渔业。建设一批高质量海洋经济发展示范区和特色化海洋产业集群，全面提高北部、东部、南部三大海洋经济圈发展水平。以沿海经济带为支撑，深化与周边国家涉海合作。

参考文献

[1] 陈晓 . 力争明年形成广深双核心产业集群 [N]. 南方日报 , 2022-01-27.

[2] 樊志刚 , 马素红 . 底特律破产对中国的警示 [J]. 中国经济报告 , 2013(10): 40-42+44-45.

[3] 方超 , 张家振 . 抢占先进制造业集群高地 : 解锁长三角地区领先“密码”[N]. 中国经营报 , 2022-12-19.

[4] 方晓霞 . 日本九州半导体产业集群的发展与借鉴 [J]. 中国经贸导刊 (中), 2020(6): 41-43.

[5] 费洪平 , 洪群联 , 邱灵 , 等 . 新时代我国产业政策转型研究 [J]. 北京交通大学学报 (社会科学版), 2021, 20(4): 56-63.

[6] 干勇 , 谢曼 , 廉海强 , 等 . 先进制造业集群现代科技支撑体系建设研究 [J]. 中国工程科学 , 2022, 24(2): 22-28.

[7] 工业和信息化部 . 工业和信息化部公布 45 个国家先进制造业集群名单 [EB/OL]. http: //www.gov.cn/xinwen/2022-11/30/content_5729722.htm, 2022-11-30.

[8] 郭丽娟 , 刘佳 . 美国产业集群创新生态系统运行机制及其启示——以硅谷为例 [J]. 科技管理研究 , 2020, 40(19): 36-41.

[9] 郭倩 . 江苏加速打造先进制造业集群 [N]. 经济参考报 , 2020-12-08.

[10] 国家发展和改革委员会 . 四部门印发《关于扩大战略性新兴产业投资培育壮大新增长点增长极的指导意见》[J]. 稀土信息 , 2020(10): 32-35.

[11] 何海军 , 方小斌 . 株洲动力产业集群发展研究 [J]. 合作经济与科技 , 2022(5): 22-24.

[12] 侯彦全，张兆泽．国家级先进制造业集群发展促进组织的理论基础、主体选择与实践探析 [J]. 产业经济评论，2022(5): 189-200.

[13] 胡登峰，张海朦．基于知识共享的新型产业创新生态系统研究——以科大讯飞成长为例 [J]. 南华大学学报（社会科学版），2019, 20(5): 35-42.

[14] 胡中杰．安徽省汽车产业集群发展对策研究 [D]. 合肥工业大学，2006.

[15] 黄文琦，潘挺雷，郭腾．宁波加快打造新材料科创高地的对策建议 [J]. 宁波经济（三江论坛），2022(1): 16-19.

[16] 姬晓婷．上海：2025 年电子信息产业规模将超 2.2 万亿元 [N]. 中国电子报，2021-01-07.

[17] 加快打造世界级产业地标 [N]. 安徽经济报，2022-09-27.

[18] 姜东，张睿，许婧．江苏先进制造业集群竞争力提升的路径选择 [J]. 唯实，2019,(10): 32-35.

[19] 黎文娟，李杨，张舰，等．发达国家培育先进制造业集群的经验 [J]. 中国中小企业，2018(10): 73-75.

[20] 林柯，吕想科．路径依赖、锁定效应与产业集群发展的风险——以美国底特律汽车产业集群为例 [J]. 区域经济评论，2015(1): 108-113.

[21] 刘春香．美国硅谷高科技产业集群及其对中国的启示 [J]. 工业技术经济，2005(7): 35-36+39.

[22] 刘娥．电池材料产业深圳已成气候 [N]. 深圳商报，2021-07-05.

[23] 刘刚，杜爽．智能经济创新区的兴起和发展——以杭州市为例 [J]. 人文杂志，2020(3): 40-51.

[24] 刘璟．粤港澳大湾区制造业企业转型升级研究 [J]. 技术经济与管理研究，2020(12): 45-52.

[25] 刘兰星．青岛轨道交通：冲击 5000 亿元产业集群 [N]. 青岛日报，2021-12-23.

[26] 马艳．上海力争三年生物医药年产值达 1800 亿元 [N]. 中国工业报，2021-06-08.

[27] 赛迪智库规划所 . 2019 先进制造业集群白皮书 [J]. 中国工业和信息化 , 2019(11): 46-65.

[28] 世界级先进制造业集群白皮书 [R]. 赛迪智库 , 2020: 5-8.

[29] 宋晨明 . 产业集群与人力资源优化管理研究——以我国先进制造业为例 [J]. 现代商业 , 2022(13): 120-122.

[30] 苏雁 . 凝聚智造向“新”力 [N]. 光明日报 , 2022-06-22.

[31] 孙欣 . 青岛智能家电 : 志在万亿产业集群 [N]. 青岛日报 , 2021-12-29.

[32] 王帆 . 21 城入选先进制造业集群“国家队”, 千亿、万亿级产业竞速“世界冠军”[N]. 21 世纪经济报道 , 2021-04-19.

[33] 王缉慈 . 产业集群的创新之道 [J]. 中国工业和信息化 , 2019(8): 24-31.

[34] 王宁洋 . 全国机械工业可靠性技术交流大会举行 [N]. 中国工业报 , 2022-12-08.

[35] 王少君 . 培育先进制造业集群 推动制造业优化升级 [J]. 中国信息化 , 2021(5): 26-50.

[36] 王政 . 物联网集群擦亮“城市名片”[N]. 人民日报 , 2022-12-21.

[37] 王政 . 制造业集聚集群发展水平加速提升 [N]. 人民日报 , 2022-09-26.

[38] 闻坤 . 深圳发力培育世界级先进制造业集群 [N]. 深圳特区报 , 2022-08-29.

[39] 吴长峰 . 安徽合肥 : 人工智能产业声名远扬 [N]. 科技日报 , 2022-03-07.

[40] 向连 . 到 2025 年把东莞打造成世界级新一代电子信息产业集聚区 [N]. 东莞日报 , 2022-09-15.

[41] 向连 . 蹄疾步稳 , 东莞制造阔步新征程 [N]. 东莞日报 , 2022-10-11.

[42] 谢宝树 , 吴国志 . 我市一先进制造业集群入选“国家队”[N]. 惠州日报 , 2021-04-02.

[43] 熊远帆 . 长沙 ,“工程机械之都”在崛起 [N]. 湖南日报 , 2021-05-02.

[44] 徐宁 . 补短板强链条 ,“名牌产业”再出发 [N]. 南京日报 , 2020-08-13.

[45] 徐宁 . 智能电网产业链打造世界级“产业集群”[N]. 南京日报 , 2020-09-06.

[46] 徐向梅 . 推动先进制造业集群发展 [N]. 经济日报 , 2022-06-17.

[47] 杨明 . 我市加快航空产业转型升级 [N]. 西安日报 , 2021-11-08.

[48] 殷聪 . 宁波磁性材料产业持续发力 [N]. 宁波日报 , 2022-10-22.

[49] 优质企业梯度培育服务平台 . 全国多城市拼抢“专精特新”, 这些城市出实招！ [J]. 中小企业管理与科技 , 2022(17): 28-30.

[50] 袁红林 , 辛娜 . 全球生产网络下我国先进制造业集群的国际经验与政策建议 [J]. 国际贸易 , 2019(5): 61-68.

[51] 袁文 . 园区模式创新的基本经验 [J]. 群众 , 2008(8): 33.

[52] 岳圣元 . 我国人工智能产业创新网络形成机制研究——基于知识流动的视角 [J]. 新经济 , 2021,(5): 45-50.

[53] 翟万江 . 整合优质创新资源推进创新型产业集群高质量发展解读《关于深入推进创新型产业集群高质量发展的意见》[J]. 中国科技产业 , 2020(7): 53-54.

[54] 张丹宁 , 唐晓华 . 产业网络视角下大企业集群结构与演进研究 [J]. 科技进步与对策 , 2012, 29(11): 54-57.

[55] 张丽莉 . 丰田汽车产业集群的发展及启示 [J]. 汽车工业研究 , 2005(3): 2-7.

[56] 张林峰 , 李超玲 , 朱海强 , 等 . 底特律汽车产业对柳州汽车产业集群的启示研究 [J]. 广西经济 , 2013(11): 50-52.

[57] 张佩 , 赵作权 . 如何培育世界级竞争力集群 ?——以挪威为例 [J]. 科学学研究 , 2020, 38(2): 218-226.

[58] 张佩 , 赵作权 . 世界级先进制造业集群竞争力提升机制及启示——以德国工业 4.0 旗舰集群为例 [J]. 区域经济评论 , 2020(5): 131-139.

[59] 张彦莉 . 借鉴德国经验建设我国科技产业园 [J]. 高科技与产业化 , 2017,(12): 78-82.

[60] 赵作权 , 田园 . 培育世界级先进制造业集群之关键问题 [J]. 中国工业和信息化 , 2019(8): 46-51.

[61] 中国国际经济交流中心课题组 . 英国 : 确定高价值制造重点领域 , 加快推动技术应用 [J]. 福建质量技术监督 , 2019(12): 60.